KB097726

과 거 가
남긴 **우울**

미 래 가
보낸 **불안**

후회, 자책, 걱정, 초조를 멈추는 심리학

과 거 가 남 긴 우 울

김아라 지음

미 래 가 보 낸 불 안

유노
북스

"우울하면 과거에 사는 것이고
불안하면 미래에 사는 것이고
편안하면 이 순간에 사는 것이다."

노자

인생을 바꾸는 멘탈 피트니스 안내서

삼성서울병원 정신건강의학과 교수 **김지혜**

미국의 작가이자 라이프 코치인 섀넌 L. 알더는 정신 질환의 정의를 "과거나 미래를 생각하느라 대부분의 시간을 낭비하고, 정작 지금 이 순간의 현실에 살지 않는 것"이라고 말했다. 알더에 따르면 과거와 미래에 정신을 뺏기면 하나님의 선물present 인 현재가 시들고, 이는 다시 후회스러운 과거와 두려운 미래를 만들어 낸다.

그렇다면 어떻게 해야 지금 이 순간, 현재에 집중할 수 있을까? 우울과 불안으로부터 내 마음을 지키는 방법은 무엇일까? 이 책은 멘탈 피트니스인 마음 근육 키우기를 권유하며 즐거운 활동을 찾는 행동 활성화 방법, 마음 챙김과 명상, 이완 훈련과 스트레칭, 유산소, 코어, 근력 운동에 해당하는 다양한 심리 상담 치료 기법을 안내한다. 이를 통해 상담실을 찾기 힘든 독자들도 스스로 마음 근육을 키울 수 있을 것이다.

마음 근육을 키우면 지금까지 여러 문제를 일으켰던 내 마음이 회복되는 규칙을 깨닫고 새롭고 건강한 마음의 길을 열 수 있다. 더 나아가 다른 사람들과 더 많이 연결되고 관계를 맺을 수 있어 현재가 더욱 탄탄해지고 풍요로워진다. 내 삶을 있는 그대로 받아들이고 매 순간 현재의 삶에 집중해, 마침내 지금 여기에서 행복한 카르페 디엠carpe diem 이 실현될 것이다. 지금 당장 저자의 안내에 따라 멘탈 피트니스를 시작해 보기 바란다.

실제 상담 현장에서 정리한 효과적인 회복법

이화여자대학교 심리학과 교수 **이승연**

우리는 한 치 앞이 어떻게 될지 알 수 없는 불안하고 혼란한 세상에 살고 있다. 내 마음대로 되지 않는 세상 속에서 좌절하고 분노하며 심한 우울과 불안에 휩싸이기도 한다. 내가 사는 이 세상이 누구에게나 똑같은 객관적 현실이 아니라 오롯이 내 마음이 만든 세계임을 알지 못한 채, 내 마음은 한순간도 쉬지 않고 행복의 새를 찾아 나의 과거와 미래를 떠돈다.

이 책은 행복의 열쇠가 현재에 온전히 깨어 있는 것, 어떠한 판단도 없이 있는 그대로의 나를 수용하는 것임을 이야기한다. 다양한 사례와 멋진 비유로 가득 찬 이 책은 차분한 성찰의 시간을 통해 나 자신이 나의 안전 기지가 되도록 도울 것이다. 이 책을 읽는다면 여러분도 저자가 말한 '마음과 마음의 진실한 만남'이 상담실에서만 일어나는 일이 아니라는 사실을 알 수 있다. 저자의 목소리로 당신의 힘들고 지친 마음을 진정으로 듣기를 바라며 이 책을 권한다.

흔들리지 않는
단단한 마음이
필요한 이들에게

저는 배가 고프면 예민해집니다. 한번은 상담 일정 때문에 밤 10시까지 식사를 하지 못한 적이 있습니다. 갑자기 서러워졌습니다. 그러고는 이렇게 생각했지요. '먹고살려고 일하는데 지금 먹지도 못하고 있잖아', '내가 좀 더 안정적인 곳에서 일했다면 이러지 않았겠지?', '다른 사람의 이야기를 듣는다고 밥도 못 먹고 일하는데, 만약 내가 나를 먼저 챙겼다면 지금만큼 서러웠을까?' 돌아갈 수 없는 과거에 시선이 머무르니 마음이 우울해졌습니다. 이런 생각도 들었습니다. '언제까지 이렇게 살아야 하지?', '앞으로도 계속 이러면 내 건강에 문제가 생기지 않을까?', '누가 자기 건강도 못 챙기면서 다른 사람의 마음 건강을 살필 수 있겠느냐고 하면 어떡하지?' 아직 오지 않은 미래에 시선이 머무르니 마음이 불안해졌습니다.

우울하고 불안한 마음을 알아차리니 할 수 있는 일은 하나였습니다. 얼른 밥을 먹는 것이었지요. 가까운 맥도날드에 가서 치즈버거를 먹으니 우울과 불안이 가라앉았습니다. 그러곤 바로 스케줄에 식사 시간을 넉넉히 넣어 상담 일정을 조정했습니다. 현재에 시선을 두고 지금의 필요를 충족하니 마음이 단순해진 것입니다. 마음이 과거에 머문다는 것, 미래에 머문다는 것, 그리고 현재에 머문다는 것은 바로 이런 의미입니다.

모두 각자의 우울과 불안으로 병원과 상담소를 찾습니다

바야흐로 우울과 불안의 시대입니다. 우리는 어느 때보다 풍요롭게 살고 있지만 마음은 공허합니다. 인생이 슬프고 불행하다 느끼고, 불확실한 미래를 바라보며 불안을 떠나보내지 못합니다. 우울과 불안이 우리를 잠식하고 있다 해도 무방하지요.

우울과 불안은 모두 상실과 관련이 있습니다. 사람이나 역할, 상태나 신념 등 소중한 무언가를 상실하는 것은 우울, 장래에 무언가를 상실할 것으로 기대되는 위험은 불안과 연관이 있습니다. 달리 말하면 우울은 마음이 과거에 머물 때, 불안은 마음이 미래에 머물 때 옵니다. 우리는 과거와 미래의 상실에 사로잡혀 현재를 살아가지 못할 때 과거가 남긴 우울을 느끼고, 미래가 보낸 불안을 느끼는 것입니다.

물론 우울은 과거에서, 불안은 미래에서 오는 것으로 딱 잘라 말할 수는 없습니다. 시선이 현재나 미래에 머물러도 우울을 경험할 수 있고 과거에 마음을 두어도 불안을 경험할 수 있기 때문입니다. 과거나 미래 같은 시간의 개념만으로 우울과 불안의 원인을 다 설명할 수도 없지요. 하지만 우울과 불안이 각각 과거, 미래와 깊은 연관이 있는 것도 사실입니다. 여기서는 우울과 불안이 과거와 미래에서 어떤 모습으로 찾아오는지 살펴보고, 과거와 미래에서 벗어나기 위해 지금 이 순간의 현재에서 어떤 일을 해야 하는지 설명하겠습니다.

저는 임상심리사로서 종합 병원 정신건강의학과에서 일하다가 지금은 동네 상담소에서 근무하고 있습니다. 이 과정에서 느낀 바는 병원과 상담소 간의 경계가 없어지고 있다는 것입니다. 어떤 사람은 부주의하고 정리 정돈을 못한다는 이유로 큰 대학 병원 정신건강의학과를 찾고, 또 어떤 사람은 심한 우울증으로 자살 시도를 계획하면서도 작은 상담소를 찾습니다. 상담소에서 만나는 사람들도 다양합니다. 약물 치료와 심리 상담을 병행하는 분들도 있지만 주기적으로 자신의 이야기를 속 시원히 털어놓으며 소위 멘탈 관리를 하러 오는 분들도 있습니다. 이제는 큰 문제가 있어서 심리 상담을 받거나 정신건강의학과를 찾는 것이 아니라 누구라도 마음의 건강을 챙기려고 상담소나 병원에 방문하는 시대라는 것을 느낍니다.

누군가가 제게 상담소에 찾아오는 사람들이 주로 어떤 호소 문제를 가지고 있느냐고 묻는다면 크게 '우울과 불안'으로 압축된다고 대답할 것입니다. 어떤 사람은 연인과의 갈등으로 우울을 겪습니다. 또 어떤 사람은 전무후무한 취업난 속에서 불안을 견디고, 어릴 때부터 쏟아진 부모의 언어적 폭력과 학대에 익숙해져 스스로를 무가치하다 믿습니다. 힘든 이야기를 쏟아 낼 곳이 없어 외로워하는 사람도, 타인의 시선과 판단이 두려워 원하는 것을 선택하고 결정할 용기가 없는 사람도 있습니다. 모두 살아온 모양과 이야기가 조금씩 다르지만 그 안에는 우울과 불안이 깊게 자리 잡은 것으로 보입니다.

후회와 걱정에서 벗어나
현재에 단단히 서기를 바랍니다

이 책에서는 먼저 많은 감정 중에서도 왜 하필 우울과 불안을 잘 알고 관리해야 하는지 설명할 것입니다. 가장 흔하면서도 위험한 감정인 우울과 불안은 비슷한 것 같으면서도 다릅니다. 또한 많은 사람이 두 가지를 동시에 경험하기에 스스로 느끼고 경험하는 상태가 둘 중 무엇인지 잘 구분하지 못합니다. 우울과 불안에 대해 전반적으로 이해하고 나면 각각을 본격적으로 다루기 위해 필요한 기반이 튼튼해질 것입니다.

다음 단계로 우울의 진단과 우울에 효과적인 해결법을 살펴볼 것입니다. 우울이란 바꿀 수 없는 과거에 시선이 머물러 자꾸만 이를 되짚는 마음을 말합니다. 우울감과 우울 장애의 차이에 대해 살펴보고, 과거가 남긴 우울의 다양한 모양과 우울을 관리하는 방법에 대해 알아보겠습니다.

그다음은 불안의 진단과 불안에 효과적인 해결법을 안내할 것입니다. 불안이란 아직 오지 않은 미래에 시선이 머물러 자꾸만 이를 걱정하는 마음을 말합니다. 일상적 불안과 불안 장애의 차이에 대해 살펴보고 미래가 보낸 불안의 다양한 모양과 불안을 관리하는 방법에 대해 다루겠습니다.

마지막으로 우울과 불안을 더 촘촘하게 다스릴 기초적이고 장기적인 마음 관리법을 소개할 것입니다. 이는 우울과 불안 모두를 다루는 공통적인 방법으로 마음 근육을 키우는 16단계 과정입니다. 저는 심리학의 특정 접근에 머무르지 않고 인지 행동, 수용 전념, 정신 역동, 인간 중심, 애착, 가족 체계, 대상 관계 이론 등에서 도움이 될 만한 좋은 개념들을 폭넓게 다루었습니다.

어떤 이야기는 이미 익숙할 수도, 또 어떤 이야기는 새로울 수도 있습니다. 여러분이 이 책을 읽으며 스스로 마음 근육을 키울 수 있도록 자세히 설명하려 노력했습니다. 상담실에서 직접 만나 말하는 것처럼 생생하게 전달되기를 바랍니다. 중요한 것은 생각보다 행동입니다. 어떤 방법이 내게 효과적인지를 고민하기보다 여기 적힌 단련법을 모두 실천해 보기 바랍니다. 한 번에 다 읽기 어렵다면 곁에 두고 마음의 고민이 생겨날 때마다 펼쳐 봐도 좋습니다. 오랜 시간에 걸쳐 조금씩 골라 읽어도 좋습니다. 어떤 모양이든 지나친 우울과 불안 속에서 내 마음을 안전하게 지켜 줄 것입니다.

여러분이 과거가 남긴 우울과 미래가 보낸 불안에서 벗어나 현재를 평안히 살아가면 좋겠습니다. 그 첫걸음은 하루하루 마음 근육을 키우는 것입니다. 이 책을 통해 모두 과거와 미래에 휩쓸리지 않고 현재에서 스스로를 이해하고 사랑하는 사람, 지금 여기에 단단히 중심을 잡는 온전한 사람이 되기를 바랍니다.

김아라

차례

1장	사람들은 다른 상황, 비슷한 감정을 겪습니다	우울과 불안을 이야기해야 하는 이유

2장	왜 어떤 마음은 약하고 어떤 마음은 강할까요?	사람에게 주어진 가장 강한 근육, 마음

| 7장 | 흔들리지 않고
현재를 사는 법 | 마음 근육을
키우는
16단계 연습 |

사람들은
다른 상황,
비슷한 감정을
겪습니다

우울과 불안을
이야기해야 하는 이유

가장 흔하면서도
위험한 감정,
우울과 불안

픽사의 애니메이션 〈인사이드 아웃〉은 우리 내면의 감정들을 섬세하게 다룬 영화입니다. 기쁨, 슬픔, 공포(두려움), 분노, 혐오라는 다섯 가지 감정이 각각 기쁨이, 슬픔이, 소심이, 버럭이, 까칠이라는 캐릭터로 등장하지요. 이 감정들은 주인공 라일리가 어떤 일을 마주할 때마다 등장해 라일리의 감정을 대변하거나 조절합니다.

〈인사이드 아웃〉은 감정 및 얼굴 표정을 연구하는 심리학자인 폴 에크만의 '여섯 가지 기본 감정 이론'에 토대를 두고 있습니다. 에크만에 따르면 기쁨, 슬픔, 혐오, 공포, 놀람, 분노의 여섯 가지 감정은 언어나 문화권과 상관없이 인간에게 유전적으로 내재한 기본 감정이며, 이 감정들이 혼합되어 여러 복합 감정을 만들어 낸다고 합니다. 비슷하게 감정과 자살, 폭력 연구의 대가인 정서 심리학자 로버트 플루치크는 '감정의 바퀴 이론'에서 여덟 가지 기본 감정으로 기쁨, 슬픔, 혐오, 공포, 분노, 놀람, 기대, 신뢰를 꼽습니다. 또한 이 감정들이 합쳐져 다양한 이중 감정과 복합 감정이 생겨난다고 했지요.

특히 우울과 불안을 자주 느끼는 이유

감정은 어떤 현상이나 일에 대하여 마음에서 일어나는 느낌이나 기분입니다. 감정은 쾌(좋다), 불쾌(나쁘다)로 시작해 점점 발달하고 세분화됩니다. 생후 5~6개월경에는 불쾌 감정에서 분노와 혐오가 분화되고 9개월경에는 불쾌에서 공포가 분화됩니다. 마찬가지로 쾌 감정에서 기쁨, 행복, 애정 같은 감정들로 분화되어 생후 1년 정도가 되면 인간의 여섯 가지 기본 감정을 대체로 느낄 수 있습니다. 18개월경부터는 수치심을, 생후 3년경에는 죄책감 같은 복잡한 감정들을 경험합니다.

이 감정들은 두뇌가 발달하면서 인지 구조가 함께 성장하기 때문에 생겨납니다. 즉 자신뿐 아니라 타인을 조망하는 능력이 발달하면서 점점 복잡한 감정들을 경험하는 것이지요. 이처럼 하나의 감정은 분화를 거듭하며 복잡하고 섬세해집니다. 처음에는 좋고 싫다는 두 개의 감정만 느낄 수 있었던 인간이 애증 같은 양가감정을 느끼는 수준까지 발달하지요.

뇌가 급속도로 성장하는 청소년기를 거쳐 성인기에 접어들면 훨씬 더 다양한 감정을 느낍니다. 그런데 감정은 저절로 분화하거나 알아서 발달하지 않습니다. 내가 경험하는 감정이 수용되고 인정받을 때 다음 단계의 감정을 느낄 수 있지요. 여기서 바로 우리가 우울한지 불안한지 모르고 그저 '불쾌하다(나쁘다)'는 하나의 감정만을 인식하는 이유가 나옵니다. 감정이 세분화되지 못했거나 특정 감정만이 강화되고 강조된 상황이라면 다양한 감정을 느끼지 못해 쾌 혹은 불쾌로 뭉뚱그려 생각하는 것이지요.

최근 미국 버클리대에서 인간의 보편적인 감정이 27개라는 연구 결과를 발표했습니다. 참가자들에게 다양한 주제를 담은 영상을 보여 준 뒤 느낀 감정을 자유롭게 표현하도록 지시했는데, 이들이 일관적이고 유사한 감정적 반응을 공유했다고 합니다. 여기서 도출한 감정은 감탄, 동경, 심미적 감상, 즐거움, 분노, 불안, 경외, 어색함, 지루함, 평온함, 혼란, 갈망, 혐오, 공감성 고통, 몰입, 흥분, 두려움, 공포, 흥미, 기쁨, 향수, 안도, 사랑, 슬픔, 만족, 성적 욕망, 놀라움이었습니다. 참가자들이 자신의 느낌을 설명하기 위해 필요한 감정은 여섯 가지가 아닌 27가지였으며, 이 감정들이 인간의 보편적인 감정이라는 것이지요.

우울과 불안을 관리해야 하는 이유

여섯 가지든 여덟 가지든 27가지든, 이렇게 많은 감정이 있는데 왜 하필 우울과 불안에 주목해야 할까요? 바로 우울과 불안은 정신 장애로 발전할 가능성이 있기 때문입니다. 우리가 자연스럽게 경험하는 감정에 그치지 않고 우리에게 고통을 야기하고 일상에서의 기능을 무너뜨리는 정신 질환으로 발전할 수 있다는 말입니다. 실제로 우울 장애와 불안 장애는 사람들이 가장 흔하게 경험하는 정신 장애입니다. 2021년 보건 복지부의 〈정신건강실태조사〉에 따르면 우리나라 국민의 우울 장애의 평생 유병률은 7.7%, 불안 장애의 평생 유병률은 9.3%로 나타났습니다. 즉 평생 동안 한 번이라도 우울과 불안의 정신 장애를 경험하는 사람이 100명 중 7~10명이라는 것이지요. 우리가 우울과 불안에 주목해야 하는 이유입니다.

우울과 불안은 실제 상담 현장에서도 내담자들이 가장 많이 호소하는 문제입니다. 저희 상담소에 처음 방문하는 사람들이 가진 주 호소 문제 90% 이상이 우울과 불안 증상입니다. 우울이나 불안만을 경험하거나 꽤 높은 비율로 둘 다 경험하고 있지요. 이를 통해 우울과 불안이 우리에게 매우 흔한 심리적 문제라는 사실을 알 수 있습니다. 내담자가 스스로 우울과 불안이라고 이름 붙이는 경우도 있습니다. 자신이 우울한지 불안한지 모르는 사람들에게서도 이 두 감정은 자주 목격됩니다.

우울과 불안을 어렵지 않게 접할 수 있는 이유는 바로 우울과 불안이 여러 가지 감정이 합쳐진 복합 감정이기 때문입니다. 사람마다 다르겠지만 우울은 슬픔, 죄책감, 외로움, 분노, 무가치함, 절망감, 과민함 등이 합쳐진 감정입니다. 불안도 마찬가지입니다. 불안은 분노, 두려움, 질투, 실망, 당황, 슬픔 등이 합쳐진 복합 감정입니다. 따라서 우리는 우울과 불안을 익숙하고 흔하게 느낄 수밖에 없습니다. 그렇다면 우울과 불안을 잘 알고 다루는 능력이 있어야 어떤 상황에서도 우리의 마음 건강을 지킬 수 있겠지요.

● ◖● ○ ○

우울과
불안은
같은 감정일까요?

우리는 하루에도 여러 차례 다양한 감정을 느낍니다. 이른 아침 침대에서는 피곤해하고 출근길 지하철에서는 답답해합니다. 반복되는 실수에 좌절하거나 사람들의 눈치를 보며 불안해하기도 합니다. 그런데 사람들은 이 감정들의 이름을 잘 구별하지 못합니다. 가지각색의 감정을 정확하게 구분하지 못하고 짜증 또는 화로 뭉뚱그리지요. 사실은 피곤함과 답답함, 좌절감과 불안을 느끼는데 어떤 상황에서든 짜증이나 화가 난다고 표현합니다. 순간순간의 감정을 잘 느끼는 방법을 배운 적이 없기 때문입니다.

우울과 불안은 현대 사회에서 매우 흔한 심리적 문제이지만 우리는 우울과 불안이 어떤 것인지 잘 알지 못합니다. 내가 우울을 경험할 때는 물론 주변 사람이 불안을 경험할 때도 그것이 무엇인지 잘 모릅니다. 앞에서도 언급했듯 우울과 불안이 복합 감정이기 때문입니다. 하지만 우울과 불안이 무엇인지 알고 구분할 수 있어야 각 감정에 맞는 세밀한 관리도 할 수 있습니다.

다른 증상, 다른 메커니즘, 다른 접근법

우울과 불안의 증상은 다릅니다. 우울의 증상은 우울한 기분, 무기력감과 흥미 감소, 식욕과 체중의 감소 또는 증가, 불면 또는 과다 수면, 불안과 초조, 생각과 행동의 느려짐, 피로감, 무가치감, 사고와 집중력 장애, 자살 사고suicidal ideation, 반추 등입니다. 반면 불안은 수면 장애, 소화 장애, 가슴 두근거림, 호흡 곤란, 자극 과민성, 근육의 긴장, 피로감, 조절되지 않는 걱정 사고, 타인의 시선에 민감해짐, 집중력 곤란, 강박적 통제, 완벽주의의 모습으로 나타납니다.

우울과 불안의 생물학적인 메커니즘 또한 다릅니다. 각각에 관여하는 뇌의 부분과 관련 있는 뇌의 신경 전달 물질도 다릅니다. 따라서 약물 치료를 할 때 접근하는 방법도 다르지요.

우울은 주로 신경 전달 물질인 세로토닌과 노르에피네프린, 도파민의 결핍과 관련이 있습니다. 행복 호르몬으로 불리는 세로토닌, 에너지와 흥미, 동기 부여에 관여하는 노르에피네프린, 운동 기능과 주의력, 내적 동기와 관련된 도파민은 각각 행복과 쾌락을 느끼게 만들고 수면을 조절하며 우울과 불안을 줄이는 데 기여합니다.

쉽게 정리하면 건강한 사람의 뇌 속에서는 이 물질들이 적정 농도로 유지되지만 우울증을 겪는 사람들의 뇌에는 이 물질들이 부족하다는 말입니다. 따라서 우울에는 세로토닌과 노르에피네프린이 신경 세포 내에 더 오래 머무를 수 있도록 돕는 선택적 세로토닌 재흡수 억제제, 세로토닌-노르에피네프린 재흡수 억제제 계열의 약물을 가장 널리 처방합니다. 불안에도 항우울제를 사용해 치료하지만 벤조디아제핀 계열의 항불안제를 함께 처방하는 경우가 많습니다. 벤조디아제핀 계열의 약물이 흥분된 신경을 억제하고 진정시키는 신경 전달 물질인 GABA의 작용을 강화해 안정을 취하는 데 도움을 주기 때문입니다.

심리 치료에서도 마찬가지입니다. 예를 들어 내담자의 왜곡된 인지(생각)를 변화시켜 심리 문제를 해결하는 인지 행동 치료, 그중에서도 보상 경험을 증가시키는 행동 활성화behavioral activation 방법과 자기 패배적인 결과를 부르는 비합리적 신념을 다루는 기법은 우울에 더 효과가 좋습니다. 반면 몸과 마음의 긴장, 스트레스를 낮추는 이완 훈련은 불안을 감소시키는 데 훨씬 효과가 있습니다. 상담 방법도 우울에 더 효과적이거나 불안에 더 잘 작용한다고 알려진 기법이 있습니다.

물론 우울과 불안은 일부 동일한 증상을 보입니다. 이 두 가지가 함께 발생할 때도 많지요. 그래서 약물 치료든 심리 치료든 동일하게 접근할 수도 있습니다. 그럼에도 회복을 위한 첫번째 단계는 우울과 불안이 다른 존재라는 사실을 인지하는 것입니다. 심리 상담소나 정신건강의학과에 처음 방문했을 때 심리 검사를 하는 이유도 바로 여기에 있습니다. 내담자나 환자의 현재 상태를 정확히 알고 진단해야 적합한 치료를 하고 회복을 도울 수 있기 때문이지요.

소화가 되지 않아 머리가 아플 때 감기인 줄 알고 감기약을 먹으면 계속 머리가 아플 것입니다. 머리가 아픈 진짜 원인을 정확히 알지 못하고 처방을 했으니 회복이 더딜 수밖에 없겠지요. 우울과 불안도 마찬가지입니다. 우울을 경험하고 있는데 불안을 다룬다면 내 마음의 일부를 부정하는 꼴입니다. 우울은 정확히 우울을 다룰 때 해결되고 불안은 정확히 불안을 다룰 때 해소되기 때문입니다. 내 상태에 대한 정확한 진단이 회복의 가장 중요한 첫걸음입니다.

상실을 대하는
다른 태도

인생의 여정에서 우리는 누구나 상실을 경험합니다. 보통은 사랑하는 사람과의 이별이나 죽음, 실패, 실직 등을 떠올리지만 상실의 대상은 그 무엇도 될 수 있습니다. 소중한 사람이나 아끼던 물건, 사회 경제적 지위와 건강, 시간 혹은 지키고 싶었던 신념일 수도 있습니다. 무엇을 잃든 우리는 상실을 경험하면 정서적 고통을 느낍니다. 그런데 상실을 경험한 우리에게 가끔 이런 말이 쏟아집니다.

"사는 게 다 그래. 누구나 다 겪는 아픔이야. 인생은 원래 고통이야. 잊어버려. 시간이 해결해 줄 거야."

사는 게 다 그렇다고 해서, 누구나 경험한다고 해서, 인생이 고통이라는 것을 이해한다고 해서 아픔이 다 옅어지지는 않습니다. 위로가 되지도 않습니다. 상실은 온전히 나의 것이기 때문이지요.

우울과 불안은 모두 상실과 관련이 있습니다. 상실이란 주요 인물이나 역할, 물건 등 대상이 아주 없어지거나 사라지는 것을 의미합니다. 내가 아끼는 소중한 무언가를 잃어버린다면 우울한 마음이 들겠지요. 사랑하는 사람이 죽을 때도, 온 마음을 담아 일했던 회사를 나올 때도 우울을 느낄 수 있습니다. 한편 우리는 미래에 소중한 무언가가 없어질 것 같다는 기대를 하면 불안해집니다. 편안히 쉴 내 집을 마련하지 못한다고 생각하거나 질병으로 건강을 잃을 것 같으면 불안해하지요.

우울과 불안의 가장 큰 차이는 이 상실을 대하는 태도에 있습니다. 과거에 소중한 무언가를 상실했다면 우울을, 장래에 소중한 무언가를 상실할 것으로 예상한다면 불안을 경험하기 쉽습니다. 돌이킬 수 없는 과거에 마음이 머무를 때는 우울이 나타나고 통제할 수 없는 미래에 마음이 떠돌 때는 불안을 경험한다는 뜻이지요.

우울과 불안은 왜 구분하기 **힘들까요?**

앞서 살펴보았듯 우울과 불안은 완전히 다른 모양입니다. 생물학적 메커니즘과 약물의 작용 기전, 심리 치료의 방법과 상실을 대하는 태도에도 큰 차이가 있습니다. 증상도 다릅니다. 우울에서는 무기력감과 흥미의 감소가 나타나고 식욕이나 체중의 변화를 경험합니다. 무가치감이나 자살 사고는 우울의 주된 증상이지요. 불안에서는 주로 가슴이 두근거리고 숨을 쉬기 힘든 신체적인 증상들이 나타납니다. 걱정거리가 많아지고 이를 조절할 수 없다고 느끼며 강박적으로 자신의 일상을 통제하려는 모습도 보이지요.

유사한 증상과
불편하다는 느낌

그런데 수면 문제, 소화 불량, 피로감, 인지 장애, 초조 등 몇 가지 증상은 우울과 불안에서 모두 발견됩니다. 이 때문에 지금 내가 경험하는 심리 문제가 우울인지 불안인지 헷갈릴 수밖에 없지요. '우울과 불안은 다르다더니 이젠 같은 증상을 가지고 있다고? 대체 무슨 말이지?'라는 생각이 든다면 쉽게 설명해 보겠습니다.

갑자기 머리가 아픕니다. 그렇다면 여러분은 '머리가 왜 아프지? 아까 찬바람을 맞아서? 저녁에 먹은 삼겹살이 소화가 안 되어서? 감기 기운이 있어서? 요즘 신경 쓰는 일이 많아서?' 하고 생각의 회로를 돌릴 것입니다. 두통의 이유는 여러 가지입니다. 즉 두통은 하나의 증상일 뿐 이를 만들어 내는 원인은 다양하다는 뜻이지요. 두통은 감기에 걸려도, 소화가 안 되어도, 신경 쓰는 일이 많아도 생겨납니다. 마찬가지로 수면 문제, 소화 불량, 피로감, 인지 장애, 초조 같은 증상들은 우울과 불안 모두에서 나타납니다.

또 우울과 불안이 현재 불만족스럽고 불편한 상태라는 점에서 매우 비슷하기 때문입니다. 우울은 과거를 바라보는 시선에, 불안은 미래를 바라보는 시선에 영향을 받는다는 차이가 있었습니다. 그렇지만 두 상태를 경험하는 시점은 현재입니다. 과거를 바라보는 시선과 미래를 바라보는 시선 때문에 현재 내 마음이 불만족스럽다는 공통점이 있다는 뜻입니다.

떼려야 뗄 수 없는
동전의 양면 같은 관계

우울과 불안이 공존하는 경우도 많습니다. 저희 상담소를 처음 방문하는 20~40대 내담자들의 증상을 평가해 보면 우울이나 불안을 단독으로 표시하는 경우가 약 50%, 우울과 불안을 함께 체크하는 경우가 약 50%입니다. 이를 공병comorbidity 이라 부릅니다. 우울과 불안을 함께 경험한다는 뜻이지요. 연구에 따라 조금씩 다르지만 우울과 불안의 공병률은 50~60%입니다. 이상 심리 및 연구 방법론의 대가인 티모시 브라운과 데이비드 바로우는 우울 장애와 불안 장애의 평생 공병률을 약 75%로 추정했습니다. 어떤 연구자들은 이 두 질환이 실제로는 하나의 질환이고, 증상의 연속적인 성격 때문에 다르게 보이는 것이라고 이해합니다. 우울과 불안을 정확히 구분하기가 더욱 어려운 이유지요.

우울과 불안은 어느 한쪽만 나타날 때도 있지만 함께할 때가 많습니다. 문제는 우울과 불안이 공존할 경우 임상적인 치료 결과에 부정적인 영향을 준다는 것입니다. 우울증과 공황 발작을 경험하는 사람은 일상에 적응하기 어렵고, 자살 위험성이 높고 치료 예후도 좋지 않다는 연구 결과가 일관적으로 발표되고 있습니다. 그런데 우울과 불안은 동전의 양면같이 떼려야 뗄 수 없는 관계입니다. 우울이 불안을, 불안이 우울을 만들어 내는 경우가 많기 때문이지요. 특히 만성적으로 우울하거나 불안한 사람들은 특정한 패턴을 보입니다.

만성적인 우울을 겪는 사람은 무기력감 때문에 무언가를 성취하기 어렵습니다. 따라서 능력을 발휘하고 성취해야 하는 상황에서 걱정과 불안 수준이 높게 상승하지요. 우울로 시작해 불안까지 경험하는 것입니다. 반면 만성적인 불안을 겪는 사람은 늘 긴장 상태라 일상에서 소모하는 에너지가 큽니다. 사소한 일을 할 때도 불안한 미래를 예측하기 때문입니다. 이들은 스트레스 상황이 오면 비효율적인 모습을 보이고 실수를 자주 반복합니다. 결국 자신을 비난하는 무가치감에 빠지지요. 만성적인 불안이 깊은 우울의 상태를 만드는 것입니다.

이처럼 우울과 불안의 관계는 미묘합니다. 비슷하면서도 다르고 다르면서도 비슷합니다. 교대로 나타날 수도, 혼합되거나 어느 하나가 두드러진 모양으로 나타날 수도 있습니다. 불안이 우울을, 우울이 불안을 낳기도 합니다. 그렇기에 내가 지금 우울한지 불안한지 혹은 둘 다인지를 더 잘 알아야 합니다. 더 나아가 우울과 불안을 다룰 수 있는 힘이 필요하겠지요.

우울과 불안을
다스리는 능력이
필요한 시대

요즘 우리 사회는 우울하고 불안합니다. 기술의 발전과 함께 전무후무한 취업난으로 실업률이 날로 높아지고 있습니다. 어느 때보다 고학력, 고스펙을 가진 청년들이 먹고 사는 문제를 고민하며 갈 곳을 잃었습니다. 경제적 양극화와 가치의 양분화도 극도로 심화되었으며 정치, 경제, 문화, 교육 등 사회 전반에 비리와 불공정 경쟁이 넘쳐흐르지요. 사회적 불평등은 물론 부정의가 만연한 시대이기도 합니다. 노동의 가치가 현저히 떨어져 열심히 일해도 보상이 따르지 않을 것이라는 무력감 또한 팽배합니다.

주거 불안정성으로 마음 놓고 일상을 살아가지 못하는 사람이 많아졌고 자살률도 계속 높아지고 있습니다. 보건복지부와 한국생명존중희망재단이 발표한 〈2022 자살예방백서〉에 따르면 우리나라의 자살률은 10만 명당 24.6명으로 OECD 평균의 2.6배이며 OECD 회원국 중 최고 수준입니다. 이에 더해 코로나19 이후 활동 반경이 제한되고 꼼짝없이 갇힌 상태가 되었습니다. 누군가를 만나거나 소통할 수 없으니 우울하고 불안해지는 것은 당연합니다.

사실 이런 시대가 된 데는 사회 구조적 문제의 영향이 큽니다. 앞서 언급한 취업난, 높은 실업률, 경제적 양극화, 가치의 양분화, 사회적 불공정과 불평등, 노동 가치의 하락, 주거 불안정성 등의 문제가 해결되지 않는다면 우울과 불안으로부터 자유롭기 어렵습니다. 하지만 이 책에서 다루려는 내용은 개인의 내적인 부분입니다. 사회가 어떻게 바뀌어야 하는지 이야기하는 것은 제쳐 두고 한 개인이 이 시대를 헤쳐 나가기 위한 방법들을 나누고 싶습니다. 먼저 그 고통을 함께 짊어진 우리 모두에게 애도를 표합니다.

과거의 나와 비교하지 않고 미래의 나를 짐작하지 말아야 합니다

우울은 잘 살고 싶은데 과거부터 지금까지 그러지 못했다고 느낄 때 나타나고, 불안은 잘 살고 싶은데 미래에 그러지 못할 것 같다고 느낄 때 찾아옵니다. 즉 우울과 불안 모두 잘 살고 싶기 때문에 느낀다고 봐도 무방합니다. 우리는 10대에는 입시, 20대에는 취업, 30대에는 결혼과 육아, 40대에는 주거, 50대 이후에는 노후에 대해 계속 불안해하며 현재의 상태에 낙담하고 우울해합니다. 아이를 잘 키우는 것, 노후를 잘 준비하는 것 등 '이런 모습이 잘 사는 것이다'라고 말하는 세상 속에서 끊임없이 과거와 현재, 미래의 나를 비추어 보기 때문입니다.

그런데 대체 잘 산다는 것이 무엇일까요? 혹시 다른 사람들이 사는 모습과 비슷하게 살아야 한다고 생각하고 있지 않나요? 남들에 비해 뒤처진다거나 나에게 문제가 있다고 생각하고 있지 않나요? 우울과 불안에는 언제나 비교가 함께 따라옵니다. 이는 타인과의 비교일 수도 나 자신과의 비교일 수도 있습니다. 우울과 불안은 더 나은 미래를 기대할 수 없을 때 찾아옵니다. 그럼 무엇도 기대할 수 없을 것만 같은 이 세상에서 자포자기가 가장 나은 방법일까요? 아닙니다. 어떤 시대라도 희망은 언제나 있었습니다. 지금은 이런 환경에서도 삶을 포기하지 않는 방법과 계속 희망을 이야기할 수 있는 방법을 고민해야 할 때입니다.

●●○○○

마음의 규칙에 따라
움직이는
우울과 불안

저는 세상에 눈에 보이지 않는 규칙이 있다고 믿습니다. 어떤 이는 떨어지는 사과를 보고 중력의 법칙을 발견했습니다. 누군가는 속도의 원리를 이용해 자동차를 만들었습니다. 또 누군가는 뇌에 특정 기전으로 작용하는 신약을 개발했지요. 이렇듯 우리는 세상에 숨은 규칙들을 찾으며 살아갑니다. 저는 그중에서 마음과 사람, 그리고 삶의 법칙을 발견하는 일을 좋아합니다. 가령 '신체 운동을 하듯 마음의 운동도 해야 한다', '아픔을 통해 성숙해진다', '혼자가 아닌 관계 속에서 비로소 건강한 마음을 유지할 수 있다' 등의 규칙 말이지요.

　우리는 어릴 때부터 많은 것을 배웁니다. 걸음마를 뗄 때는 방법과 친구와 사이좋게 지내는 법, 예의범절을 비롯해 타인과 세상이 어떤 모양인지에 대해서도 배웁니다. 조금 더 커서는 '대한민국의 수도는 서울이다' 같은 상식이나 국어, 영어, 수학 등 지식도 습득합니다. 그런데 이상하게 나 자신을 알아 가는 방법은 배우지 않습니다. 내 감정과 생각이 어떤지에 대해서는 토론하거나 공부하지 않습니다. 마음의 원리에 대해서도 마찬가지입니다. 그렇게 몸만 훌쩍 자란 우리는 이 세상에 던져져 여러 가지 마음의 문제로 난항을 겪습니다.

심리적 마음 자세를 갖추어야
마음의 규칙이 보입니다

다행히도 최근 우리 시대의 키워드는 '나'인 것 같습니다. 그 말인 즉 많은 사람이 지금까지 자신에게 큰 관심을 기울이지 않았다는 뜻입니다. 서점에 가면 심리 관련 서적이 베스트셀러에 오른 모습을 종종 봅니다. 사람들이 이제서야 스스로를 알기 위해 노력하는 셈이지만 이만하면 아주 다행스러운 일이지요. 몰랐던 나를 이해하고 내 마음을 알면 비로소 풍성한 삶을 살 수 있을 것입니다.

자신의 심리 상태를 궁금해하고, 내 심리의 핵심을 정확히 인식하고 파악해 수정하는 능력을 '심리적 마음 자세psychological mindedness'라고 부릅니다. 심리적 마음 자세가 있다는 말은 나의 어떠한 문제를 심리적으로 받아들이고 자신을 분석할 준비가 된 상태라는 뜻입니다. 더 간단히 말하면 스스로의 심리적 상태에 대한 통찰 능력이 있다는 의미지요. 전문가들은 심리적 마음 자세의 수준에 따라 개인이 변화하는 정도에 큰 차이가 있다고 이야기합니다.

마음에는 수많은 결이 있습니다. 하나의 행동에 수많은 마음이 연관되기도 합니다. 저녁 메뉴로 파스타와 쌀국수를 놓고 고민할 때도 내가 먹고 싶은 음식과 상대가 먹고 싶은 것을 고려하는 마음이 함께 작동합니다. 한편 누군가를 끔찍이 사랑하면서 죽도록 미워하는 애증 같이 양가적인 감정을 동시에 느끼기도 하지요. 마음속에 어떤 결들이 자리 잡고 있는지 하나하나 껍질을 벗겨 보면 나를 더욱 풍부하고 세밀하게 이해할 수 있습니다.

지금 이 글을 읽고 있는 사람이라면 이미 심리적 마음 자세를 훌륭히 갖춘 상태일 것입니다. 눈에 보이지 않는 자신의 마음을 살피고 정확하게 인식해 수정하고 싶어서 혹은 복잡하고 혼란한 마음속을 한 겹씩 벗기고 싶어서 이 책을 펼쳤겠지요. 제가 앞으로 안내할 과정은 분명 나를 통합적으로 이해하는 길에 다다르도록 안내할 것입니다. 이제 보이지 않는 마음의 규칙들을 하나씩 짚어 보려 합니다. 임상심리사, 심리학자,

정신과 의사 등 다양한 마음 전문가가 오랜 시간 찾아내고 밝힌 사실들입니다. 우리는 그중에서도 특히 우울, 불안과 관련한 마음의 규칙들을 중점적으로 살펴볼 것입니다.

우울과 불안은 우리의 시선이 머무는 곳에 따라 다른 모양으로 생겨납니다. 우울할 때는 몸을 움직이고 불안할 때는 몸을 이완해야 하듯 우울과 불안은 다스리는 방법도 다릅니다. 만약 여러분이 우울과 불안이 발생하는 패턴과 모양을 안다면 스스로가 이를 잘 다스릴 수 있을 것입니다. 이제 자신의 심리 상태를 명확하게 파악하고 필요한 도움을 얻기를 바랍니다. 사실 우리 삶에는 이 책에 담긴 내용보다 훨씬 다양한 마음의 규칙이 존재하겠지요. 사소하고 거대한 내 마음의 규칙들을 각자의 일상에서 하나씩 발견해 나가기 바랍니다. 그럼 먼저 우울과 불안이 작동하는 전반적인 마음의 규칙을 살펴봅시다.

2장

왜
어떤 마음은 약하고
어떤 마음은
강할까요?

사람에게 주어진
가장 강한 근육, 마음

●●○○○

소통하는
방법을
알고 있나요?

하루는 카페에 앉아 주변의 대화에 귀를 기울여 봤습니다. 사람들이 어떤 이야기를 나누고 어떻게 소통을 하는지 궁금했기 때문입니다. 그런데 적잖은 충격을 받았습니다. 사람들이 대화하는 방식은 투명한 유리 벽을 가운데에 세워 두고 각자의 이야기만을 던지는 것처럼 보였습니다. 하나의 말이 유리 벽에 부딪쳐 튕겨 나오고, 또 다른 말이 유리 벽에 부딪쳐 튕겨 나가는 것처럼 느껴졌습니다. 왜일까요? 바로 우리가 대화하는 방법, 즉 소통하는 방법을 너무 모르기 때문입니다.

소통의 사전적 정의는 '막히지 아니하고 잘 통함, 뜻이 서로 통하여 오해가 없음'입니다. 소통이란 서로가 마주 앉아 각자의 이야기만을 하는 것이 아닙니다. 서로의 뜻이 막히지 않고 통함으로써 오해가 없어야 소통을 했다고 할 수 있습니다. 그런데 우리는 평소에 누군가와 대화하거나 나의 이야기를 전할 때 통하지 않고 답답하다는 감정을 자주 느낍니다. 때로는 소통을 하면서 상처를 받기도 하지요. 허공에 수많은 이야기가 떠돌지만 정작 서로의 마음에 가닿지는 않기 때문입니다. 소통이 없는 대화를 거듭할수록 우리의 심리는 쉽게 소진됩니다. 점차 대화를 거두고 누군가와 소통하고 싶지 않아지는 것이지요.

나의 이야기만 할 때
소통은 막힙니다

소통이 되지 않는 이유는 마음의 태도에 있습니다. 이 태도란 내 이야기는 매우 많이 하기를 원하면서 타인의 이야기는 너무 적게 듣고 싶어 하는 모습입니다. 어떤 사람은 말이 아주 많고 또 어떤 사람은 말수가 적습니다. 자신의 이야기를 잘 털어놓는 사람이 있는 반면 타인의 이야기를 잘 들어 주는 사람이 있습니다. 하지만 하나 분명한 점이 있습니다. 사람이라면 모두 자신의 이야기를 하고 싶어 한다는 것입니다.

우리가 점점 누군가의 이야기를 들어 주기만 하는 이유는 소통이 되지 않아 막혔기 때문입니다. 만약 누군가가 이야기를 잘 들어 준다면, 그래서 마음이 막히지 않고 잘 통한다면 말수가 적은 사람도 신나서 미주알고주알 자신의 이야기를 할 것입니다. 한편 어떤 사람은 상대방이 내 이야기를 관심 있게 듣는지와 상관없이 줄곧 자신의 이야기만 합니다. 내뱉는 말이 많아도 소통이 이루어지지 않으면 마음이 막히기 마련입니다. 아마도 이런 사람들은 점점 더 자신의 이야기를 들어 달라며 쏟아 내겠지요.

소통이 되지 않는 또 다른 이유는 바로 상대의 말을 부정하며 시작하는 습관에 있습니다. 요즘의 대화를 들어 보면 말의 앞머리에 자주 등장하는 표현이 있습니다. '아니', '근데'라는 말입니다. 이 단어들에는 내 말에 주목하라는 의도도 있겠지만 타인의 말을 끊고 내 말을 하려는 정황이 담겨 있지요. 누구든 자신의 말을 '아니'라는 단어로 부정당하고 상대에게 말의 지분을 넘길 때면 대화가 막힌다고 느낄 가능성이 높습니다. 이런 대화의 습관이, 그리고 타인의 이야기를 듣기보다는 나의 이야기를 하려는 태도가 진정한 소통을 가로막습니다.

심리 상담소를 찾는 대부분의 내담자가 일상에서 소통의 부재로 어려움을 겪습니다. 이들은 자신의 이야기를 쏟아 낼 곳이 없을 때, 이야기를 해도 무시당하거나 오히려 비난당할 때 그저 소통을 추구하며 상담실에 찾아옵니다. 어떻게 왔느냐는 물음에 "이야기할 곳이 없어서요. 가끔 와서 이야기도 하고 멘탈 관리도 하고 싶어요"라고 답하는 사람이 많다는 것은 우리의 삶에 소통이 얼마나 부재한지를 보여 주는 증거지요.

그런데 상황적으로 해결하기 어려운 큰 문제를 직면했다거나 소통을 경험하지 못하고 막혀 온 역동이 오래되어 뿌리박힌 경우가 아니라면, 심리적으로 비교적 건강한 사람들은 상담가가 그저 잘 들어 주는 것만으로도 크게 변화합니다. 소통을 경험하면서 막혀 있던 마음이 통하고 흐르기 시작했기 때문입니다. 여러분은 어떤가요? 지금 나는 누군가의 이야기를 듣는 것이 어려운가요, 나의 이야기를 말하는 것이 어려운가요? 나의 일상에서 주변 사람들과 오해 없이, 막힘없이 마음이 통하고 있나요?

스스로
선택하지 못하는
사람들

"엄마가 좋아? 아빠가 좋아?"라는 질문에 주저 없이 답하던 아이들은 점차 "둘 다 좋아"라는 정답을 말합니다. 엄마가 더 좋다고 해맑게 말했던 아이는 아빠가 서운해하니 대답을 바꾸고, 엄마라고 대답하면 마치 정답이 아닌 것처럼 계속 물어보니 대답을 바꾸는 것이지요. 그리고 자신의 마음까지 "둘 다 좋아"라고 수정합니다. 이 과정은 아이가 크면서 경험하는 사회화 학습이지만 자칫하면 자율성이 잘 발달하지 못하는 계기가 됩니다. 분명하게 엄마가 좋다고 말하던 아이가 점점 자신이 무엇을 원하는지보다 타인의 시선과 마음을 우선적으로 고려하면서 자기의 마음을 잘 모르는 상태에 이르지요.

자율성을 키워야
내 마음을 알 수 있습니다

우리는 여러 선택지 중 하나를 선택하고 결과를 책임지는 태도를 갖추어야 합니다. 중국집에 갔다고 상상해 봅시다. 메뉴는 짜장면과 짬뽕 두 가지만 있습니다. 지금 이 순간 내가 짜장면을 먹고 싶은지 짬뽕을 먹고 싶은지를 생각해 결정해야 합니다. 선택에는 '나는 원래 매콤한 걸 좋아하니까', '추우니까 국물이 먹고 싶어', '달짝지근한 짜장면을 원래 더 좋아해', '둘 다 싫지만 이게 더 나아' 등 다양한 이유가 있겠지요. 어떤 사람들은 바로 메뉴를 고르겠지만 누군가는 무엇을 먹는 것이 가장 좋은 선택일지 한참을 고민할 것입니다.

이때 필요한 능력이 바로 자율성입니다. 자율성이란 내 삶의 방향을 스스로 선택하고 결정할 수 있는 자유를 뜻합니다. 내가 내 선택에 통제감을 느낄 때 자율성이 있다고 말합니다. 발달심리학자이자 정신분석가인 에릭슨에 따르면 2~3세는 자율성이 발달해야 하는 중요한 시기입니다. 이후로 아이의 자율성은 계속 발달하는데, 이때 자율성이 잘 발달하지 못하는 환경은 세 가지입니다.

하나는 부모가 아이에게 선택권을 주지 않는 경우입니다. 부모가 미리 선택을 정해 줄 때를 말하지요. 아이는 놀이 시간에 책을 읽을지 장난감을 가지고 놀지 선택할 수 있습니다. 그런데 부모가 자녀에게 책 읽기만을 선택지로 준다면 아이는 자율성이 발달할 기회를 빼앗기고 맙니다. 다음으로 부모가 아이의 선택을 부정하거나 거부하는 경우도 있습니다. 아이가 장난감을 가지고 놀려고 선택하는 순간 "장난감 놀이를 하는 것보다 책 읽는 게 좋아. 책 읽자"라고 말하며 아이의 선택을 부정하는 것이지요. 마지막은 부모가 아이의 선택을 염려하는 경우입니다. 어떤 부모는 자녀의 요구를 적극적으로 거절하지는 않지만 불안과 염려를 드러내며 선택을 바꾸도록 말합니다. "지금 장난감 놀이해도 괜찮을까? 위험하지 않겠어?"라면서 개입하는 것이지요. 이러한 반응을 마주하면 아이는 은연중에 자신이 한 결정이 위험하거나 좋지 않은 선택이었다고 느낍니다.

자율성이 발달하려면 다음의 과정을 거쳐야 합니다. 먼저 아이는 선택의 상황에서 스스로 생각하고 고민해 결정할 기회를 얻습니다. 이때 자신이 선택한 결정과 주장이 받아들여지면 효능감이 생깁니다. 선택은 부정적인 결과를 가져올 수도, 만족스러운 결과를 불러올 수도 있습니다. 하지만 시행착오를 거쳐 내가 선택하고, 이를 책임지는 경험을 쌓아야만 내 삶을 스스로 결정한다는 통제감이 생깁니다. 자율성이 낮으면 내가 무엇을 좋아하는지, 무엇을 선택하고 싶은지, 내 생각이 어떤지 몰라 자주 혼란을 겪습니다. 더 나아가 나 대신 선택해 주는 사람에게 의존하거나 그 사람의 눈치를 보는 일도 상당히 많이 생깁니다. 자율성이 낮으면 자신을 잘 믿지 못하고 타인에 대한 심리적 의존도가 높아지기 때문입니다.

자율성은 감정에서도 같은 방식으로 발달합니다. 공부하기가 힘들어 엄마에게 울면서 힘들다고 말했는데 "힘들어하지마. 그건 힘든 거 아냐"라고 부정당하거나 오히려 "네가 힘들다고? 내가 더 힘들어"라고 공격받으면 내 감정에 대한 통제감을 서서히 잃습니다. 심지어 '이 정도는 힘들어하면 안 되는구나'라고 생각하거나 '이때는 힘들어해도 되는 상황이 맞나?'라고 고민하며 자신의 감정을 의심합니다. 내 감정의 자율성 또한 박탈당하는 것이지요. 이러한 양상이 심해지면 내가 어떤 감정을 느끼는지 모르는 상태에 이릅니다.

혹시 지금 내 마음을 모르겠다면 여기서부터 다시 시작하면 됩니다. 내 생각도 감정도 잃어버린 상태라면 자율성부터 천천히 키워 봅시다. 나도 모르는 사이에 잃어버린 내 마음에 우울이나 불안이 찾아왔을지도 모르니까요.

● ● ○ ◐ ○ ○

자책과
걱정이
나쁘다는 착각

인간은 이성적인 동물일까요, 감정적인 동물일까요? 물론 인간은 이성과 감정을 모두 갖춘 동물이지만, 저는 인간이 본래 감정이라는 본성을 밑바탕으로 이성을 발달시켰다고 생각합니다. 아이가 태어나자마자 보이는 행동은 "응애" 하고 소리 높여 우는 것입니다. 지극히 감정적인 반응이지요. 자라면서도 친구와 다투거나 연인과 사랑하면서 여러 감정을 경험합니다. 그런데 현대 사회에서는 이성의 영역은 칭송하고 감정의 영역을 다소 무시하는 경향이 있습니다. 가령 '너는 너무 감정적이야'라는 말은 좋은 뜻보다는 다소 부정적인 의미로 통하지요.

부정적인 감정은
나쁜 것이 아닙니다

기쁨, 슬픔, 분노, 공포, 혐오, 놀람, 우울, 불안, 초조, 짜증, 안도감, 고마움, 편안함, 수치심, 흥분, 설렘, 무료함…. 우리는 아주 많은 감정을 느낍니다. 이 다양한 감정은 크게 긍정적인 감정과 부정적인 감정으로 나뉩니다. 이 둘을 구분하기는 어렵지 않아 보입니다. 내가 느끼기에 좋고 자꾸만 경험하고 싶은 감정은 긍정적인 감정, 경험하고 싶지 않은 감정은 부정적인 감정입니다. 그렇다면 긍정적인 감정은 좋은 감정이고 부정적인 감정은 나쁜 감정일까요? 부정적인 감정은 느끼지 않을수록 좋은 걸까요?

상담실에서 내담자들을 만나다 보면 자신이 부정적인 감정을 느낀다며 자책하는 분들을 꽤 자주 봅니다. "누군가에게 화가 나고 그 사람이 미운 건 잘못된 일 아닌가요?", "자꾸만 짜증이 나요. 저에게 문제가 있는 것 같아요", "저는 왜 이렇게 불안하고 우울할까요…"라고 말하는 분들도 있습니다. 아마 부정적인 감정을 나쁘다고 생각하기 때문인 것 같습니다. 하지만 부정적인 감정이 생기는 것은 자연스러운 현상입니다.

누군가 칼을 들고 쫓아온다고 생각해 봅시다. 이때 머리카락이 쭈뼛 서면서 가슴이 두근두근 뛰고, 공포와 불안감을 느끼는 것은 당연합니다. 우리는 위험한 상황에서 공포감과 불안한 감정을 느끼도록 만들어졌으니까요. 이런 상황에서 무섭고 불안한 감정을 느끼지 않는다면 그 사람이 이상한 것입니다. 이번엔 사랑하는 사람과 이별을 했다고 생각해 봅시다. 이때 슬픔이라는 감정을 느끼지 못한다면, 그 순간에도 기쁘고 편안하다 느낀다면 오히려 그것이 건강하지 않은 반응입니다. 우리는 상실을 경험할 때 슬프고 절망스러운 감정을 느끼도록 만들어졌기 때문입니다.

상황에 적절한 감정을 느끼는 것은 너무나 당연한 일입니다. 부정적인 감정을 느낀다고 걱정하거나 자책할 필요는 없습니다. 살아가면서 부정적인 감정을 느낀다면 오히려 지극히 건강하다는 증거입니다. 감정에는 좋고 나쁨도 옳고 그름도 없습니다. 우리에게 필요한 감정만이 있을 뿐이지요.

이성만을
강조하는
사회

우리는 은연중에 이성을 강조하고 감정을 미개한 영역으로 치부합니다. 이성적인 사람은 논리적이고 성숙하다고 생각하는 반면 감정적인 사람은 미성숙하고 충동적이라고 생각하지요. 무언가를 결정할 때 "의사 결정을 할 때 왜 감정이 들어가?" 혹은 "감정적으로 판단하지 마"라고 말하며 감정을 배제하고 이성적으로 판단해야 가장 합리적인 선택을 할 수 있다고도 믿습니다. 그런데 사실 이 말은 틀렸습니다. 합리적인 의사 결정을 하려면 우리의 감정과 이성이 균형을 이루어야 하기 때문입니다.

왜곡된 인지와 신념을 다루는 합리적 정서 행동 치료REBT의

창시자 엘리스에 따르면 인간을 이루는 세 가지 구성 요소는 인지(어떻게 생각하는가), 감정(어떻게 느끼는가), 행동(어떻게 행동하는가)입니다. 그림으로 나타내면 이런 모양이지요.

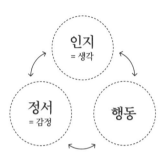

인간은 이 세 가지가 하나로 얽혀 돌아가는 복합체입니다. 따라서 우리는 어떤 사건을 마주할 때 생각과 감정, 그리고 행동을 거의 동시에 경험하지요. 이성과 감정을 떨어뜨려 놓고 하나만 경험할 수는 없다는 소리입니다. 많은 사람이 이성과 감정을 양극단에서 대립하는 개념으로 오해하지만 사실 이 두 요소는 독립적입니다. 즉 이성과 감정 중 하나를 선택해야 하는 것이 아니라 둘 다 잘 발달시켜야 한다는 뜻입니다. 인간은 이성적 혹은 감성적이기만 할 수 없습니다. 이성과 감정 모두 인간에게 반드시 필요한 요소이기 때문이지요. 실제로 우리에게 나타나는 많은 문제가 이 둘의 불균형에서 비롯합니다. 지나치게 이성적이거나 감정적일 때 문제가 생겨나지요.

이성과 감정의
균형이 필요합니다

　감정이 지나치게 발달한 사람들은 감정의 동요로 괴로워합니다. 자신이 부정적인 감정을 크게 느낀다는 사실도 싫어하지요. 감정에 많은 에너지를 쏟으면 쉽게 지치고 소진되기 때문입니다. 정서적 반응만을 따르면 충동적으로 행동하기 쉽고, 감정에 압도되어 미성숙한 방향으로 문제를 해결하는 경향이 있습니다. 어쩌면 이들은 감정 때문에 일을 그르치거나 비난받은 경험을 겪었을 가능성이 큽니다. 하지만 감정을 잘 느끼는 것은 자연스러운 일이고 건강하다는 증거입니다. 감정과 이성의 균형을 맞추기 위해 감정을 조절하고, 성숙한 방향으로 감정을 표현하는 연습을 하면 될 뿐입니다.

　사실 과도한 감정보다 더 큰 문제는 감정의 부재입니다. 이성이 지나치게 발달한 사람들은 매사에 감정을 고려하지 않기 때문에 자신의 감정을 잘 인식하지 못하는 경우가 많습니다. 그래서 어떤 일을 겪어도 흔들리지 않고 안정적으로 지내는 것처럼 보입니다. 하지만 스스로 감당하기 어려운 스트레스를 경험할 때는 이야기가 달라집니다. 자신의 우울과 불안을 인식하기 어려워해 감정을 방치하고 같은 이유로 누군가에게 도움을 요청하기도 힘들어하기 때문입니다. 또한 이들은 주지화intellectualization를 주된 방어 기제로 사용하는 경향이 있습니다. 주지화란 프로이트가 제안한 방어 기제 중 하나로, 감정으로부터 자신을 분리한 채 이성적이고 지적인 분석을 통해 상황에 대처하는 방법입니다. 예를 들어 볼까요? 만약 누군가가 사랑하는 사람과 이별했을 때, 슬픔이라는 감정은 느끼지 않고 헤어진 이유만을 논리적으로 파악하려 든다면 주지화가 작동하고 있을 가능성이 큽니다.

주지화는 감정적으로 위협이 될 수 있는 상황에서 스스로를 보호하기 위한 방어 기제이지만 과도하게 공고화되면 감정적으로 메마를 수 있습니다. 사실 주지화를 하는 사람은 자신의 감정을 감당하지 못해 이를 분리시키는 것이므로 성숙하다고 볼 수 없습니다. 더욱이 이들은 자신의 감정뿐 아니라 타인의 감정을 살피는 일도 어려워해 공감 능력이 부족한 것처럼 보이지요. 자신은 문제가 없다고 느끼지만 주변 사람들이 힘들어해 상담 장면에 오기도 합니다.

상담 장면에서도 주지화를 주된 방어 기제로 사용하는 내담자는 라포르rapport가 형성되기까지 오랜 시간이 걸리며 변화의 속도가 매우 더딥니다. 라포르란 의사소통 과정에서 상대방과 형성되는 상호 신뢰 관계 또는 친밀감을 나타내는 심리학 용어입니다. 주지화를 주로 사용하는 사람은 협력 관계인 상담가와 친밀하고 신뢰감 있는 관계를 잘 맺지 못합니다. 따라서 자신의 내면을 깊이 탐색하는 과정에서 오랫동안 표면만 겉핥을 수 있으며, 상담가를 피상적으로 대한다는 느낌을 주기도 합니다. 이러한 사람들에게는 억눌러 놓았던 감정을 직면하고 이를 받아들이며 충분히 느끼는 연습이 필요합니다.

가족 치료family therapy의 선구자이자 체계적 치료systemic thera-py를 창시한 심리학자 머레이 보웬에 따르면 자기 분화self-differ-entiation가 잘되어 있을수록, 즉 이성과 감정이 잘 분화되어 있을수록 성숙한 사람이라고 합니다. 자기 분화란 자신의 생각과 감정을 분리하는 힘입니다. 생각과 감정의 균형을 맞추고 이를 조화롭고 원활하게 사용하는 능력이지요. 더 나아가 대인 관계에서도 타인의 영향에 좌우되지 않고 자신의 신념에 따라 결정하는 힘, 즉 자신과 타인을 분리하는 능력을 말합니다. 결국 스스로의 이성과 감정을 잘 분리하고 둘 사이의 균형을 맞출 때 타인과의 관계도 원만해진다는 뜻이지요.

모든 사람에게
다양하게
나타나는 문제

우리는 누구나 마음의 문제를 겪습니다. 생각과 감정이 특정한 누군가에게만 찾아오지는 않으니까요. 사람이라면 누구나 매일 일상에서 다양한 모양으로 심리적인 어려움을 겪습니다. 저는 대학원 실습 과정에서 주로 사회 취약 계층의 아이들을 만나고 대화했습니다. 그때 사회 경제적으로 열악한 환경이 아이들의 정서에 미치는 영향이 너무나 크다는 것을 알았습니다. 정서적인 문제가 부모에서 아이들로 대물림되는 경우도 있었고, 우울한 부모 밑에서 우울한 아이들이 자라나기도 했으니까요. 그런데 심리적 문제는 사회적 약자에게만 생기는 일이 아니었습니다.

제가 임상심리 수련을 했던 병원은 서울 강남의 유명한 종합 병원입니다. 그러다 보니 소위 사회 경제적 지위가 높은 환자들이 많이 찾아왔습니다. 그런데 이런 사람들, 예를 들면 고위층 인사나 대기업 임원들도 대학원생 때 만난 아이들과 별반 다르게 느껴지지 않았습니다. 경제적으로 매우 부유하고 사회적으로도 인정받던 한 사람이 깊은 우울로 제 앞에 앉아 있던 순간이 생생히 기억납니다. 요즘 들어 공황 장애나 불안 장애를 겪고 있다는 연예인들이 많아졌습니다. 우울 장애나 양극성 장애를 앓는 사람들도 꽤 자주 눈에 띕니다. 돈과 인기가 많고 대중에게 미치는 영향력이 큰 사람들도 마음의 문제에 시달립니다.

우리나라 최고 명문대로 꼽히는 서울대에서도 종종 극단적인 자살이 일어난다는 사실은 더욱 씁쓸하게 다가옵니다. 제가 만난 사람 중에 놀랄 정도로 지능 지수IQ가 높았던 대학생이 자신의 상태를 "장님이 캄캄한 밤하늘을 보고 있는 것 같다"라고 표현했던 순간도 떠오릅니다. 부족함이 없어 보이는, 그래서 많은 사람에게 부러움을 사는 사람들도 저마다 깊은 마음의 짐을 짊어지고 살아갑니다. 어떻게 보면 고통감은 모두에게 공평하게 주어지고 마음의 문제는 어느 누구도 피해가지 않는 듯합니다.

시간이 지날수록
여러 가지 회복법이 필요합니다

물론 지금까지 한 번도 우울을 경험한 적이 없는 사람도 있을 것입니다. 하지만 그렇다고 해서 앞으로도 계속 그러리라 확신할 수 있을까요? 어떤 사람은 태생적으로 우울한 기질을 타고납니다. 이 경우 다른 사람들에 비해 더 일찍 우울과 관련한 증상을 경험할 가능성이 크겠지요. 그러나 우울한 기질을 가졌다고 반드시 우울 장애를 겪지는 않습니다. 반대로 이전까지는 한 번도 우울한 기분을 느껴 보지 않았던 사람이 큰 스트레스 사건을 경험하면 우울 장애를 앓기도 합니다.

유병률을 살펴보면 우울과 불안 장애는 여성에게서 조금 더 많이 나타납니다. 그렇지만 우울과 불안은 남녀 모두가 겪는 마음의 문제입니다. 나이에 따라서는 어떨까요? 우울증을 예로 들면 가장 빈번히 발생하는 연령대는 20~30대이고 그다음은 60대 이상의 노년층입니다. 즉 남녀노소를 불문하고 모두 심리적 문제를 경험한다는 뜻이지요. 산후 우울증, 위기의 중년, 갱년기 등으로 불리는 마음의 문제들은 쉬지 않고 우리를 찾아옵니다.

우리는 나이를 먹을수록 건강을 더 관리합니다. 어릴 때는 밤을 새고, 인스턴트 음식을 먹고, 운동을 하지 않아도 몸에 아무런 부담을 느끼지 않았습니다. 하지만 성인이 되면 조금씩 몸에 이상 신호가 오는 것을 감지합니다. 점차 살기 위해 운동을 하고 건강한 음식을 먹습니다. 언제 찾아올지 모르는 질병에 대비하기 위해 영양제를 챙겨 먹고 때로는 당뇨와 고지혈증, 암에 대해 공부를 합니다.

그런데 마음은 어떤가요? 여러분은 마음을 관리하고 있나요? 나이가 들수록 우리가 스트레스를 경험하는 빈도는 점점 늘어나고 강도도 세지고 있습니다. 이전에는 친구와 싸워서 스트레스를 받았다면 이제는 집값이나 노후 준비로 스트레스를 받으니 말입니다. 그래서인지 예전에는 쇼핑을 하거나 친구와 맥주를 한잔하면서 놀면 스트레스가 풀렸는데 이제 이런 방법으로는 더 이상 스트레스가 해소되지 않습니다. 점점 다양한 방법으로 마음의 문제를 해결해 나가야 한다는 뜻이지요. 그러니 강력해지는 스트레스에 맞추어 마음을 관리하는 방법도 진화해야 합니다.

●●◐○○

증상과 징후로
판단하는
심리 상태

증상은 우리가 주관적으로 느끼는 판단입니다. "우울해요",
"불안해요", "입맛이 없어요", "배가 아파요", "심장이 두근거려
요"같이 임상이나 상담 장면에서 환자나 내담자가 보고하는
것들이지요. 징후는 외부에서 관찰할 수 있는 객관적인 판단
입니다. '눈 맞춤을 피한다', '한시도 쉬지 않고 손을 움직인다',
'체중이 줄었다', '심박수가 높다' 등 객관적인 사실로 확인 가
능한 것들입니다. 보통 임상가가 관찰하며 판단하지요. 임상
심리사는 환자 및 내담자의 주 호소 문제(주로 증상)와 더불어
눈으로 직접 관찰하고 볼 수 있는 객관적인 징후들을 종합해
서 심리 상태를 평가하고 진단합니다.

이 두 가지는 모두 중요하기 때문에 어느 것 하나 간과해서는 안 됩니다. 이를 위해 상담가는 내담자가 호소하는 증상들을 세심하게 들어야 합니다. 동시에 짧은 시간 그 사람을 관찰하는 것도 진단에 많은 도움이 됩니다. 예를 들어 불편한 게 없다고 말하지만 눈 맞춤을 피하고 안절부절못하는 사람, 기분이 좋다고 표현하지만 표정은 무미건조한 사람, 너무 우울하고 힘들다고 호소하지만 잘 자고 잘 먹는 사람이 있습니다. 이런 불일치하는 정보들이 혼재할 경우 저는 징후를 조금 더 신뢰하는 편입니다. 내담자가 주관적으로 보고하는 판단은 이미 마음의 병에 영향을 받았을 가능성이 있기 때문입니다.

내가 느끼는 나와
실제 내 상태는 다릅니다

요즘에는 자신이 경험하는 심리적 어려움이 치료가 필요한 수준인지 알고 싶어 상담소를 방문하는 사람이 많습니다. 이때 저는 내담자가 주관적으로 느끼는 정도를 평가하는 자기보고식 설문지와 더불어 반드시 면담을 실시합니다. 상담가와 직접 보고 이야기를 나누며 평가하는 과정 없이 개인이 보고한 증상들로만 나온 검사 결과는 신뢰도가 떨어지기 때문입니다. 그런데 의외로 많은 분이 심리 검사 결과가 스스로 생각한 것보다 심각하게 나오거나 상담가에게 치료가 필요할 것 같다고 들으면 당황합니다. 긴가민가해서 상담소나 병원을 찾기는 했지만 우울증이나 불안 장애는 나와 먼 이야기라고 생각했기 때문이지요. 반대로 어떤 분들은 치료가 필요할 것 같다는 말에 위안을 얻기도 합니다. '내가 이렇게 힘든 데에 이유가 있었구나. 내 문제가 아니었구나'라고 생각하며 안심하고 돌아가는 것이지요.

우울과 불안은 내가 느끼는 감정이 무엇인지, 그 감정을 어느 정도 느끼는지를 파악하는 데도 영향을 끼칩니다. 감정이 무뎌져 실제로는 힘든데 아무렇지 않게 느끼거나 마음이 아닌 몸이 아픈 것처럼 느끼기도 합니다. 따라서 우울과 불안은 증상만으로 정확한 판단을 내리기 어렵고 징후만으로 정확한 판단을 내리기도 어렵습니다. 만약 내가 어떤 부분에서 힘들다고 느낀다면 '남들도 다 이 정도는 힘든데 엄살부리는 것 아닐까?'라고 고민하기보다 전문가를 찾아가기 바랍니다. 치료가 필요하다면 전문가의 도움을 받고, 그렇지 않다면 비교적 건강한 내 마음 상태를 확인하고 안심할 수 있을 것입니다.

●●○○○

막힌 마음의
길을 뚫는
관계의 힘

상담실을 처음 방문하는 분들이 자주 하는 질문이 있습니다.

"상담을 받으면 정말 마음이 나아지나요? 약을 먹는 것도 아니고 이야기를 나누는 것뿐인데 어떤 원리로 괜찮아지나요?"

심리 상담이 적지 않은 비용과 시간, 힘이 드는 과정인 만큼 효과에 대한 의문을 가지는 것은 당연합니다. 이때 저는 "심리 상담의 효과는 과거부터 현재까지 여러 연구와 논문을 통해 입증되었습니다"라고 말하기보다는 이렇게 대답합니다.

"심리 상담은 언어를 매개로 이루어지는 대화지만 더 깊이 내려가 보면 그 언어 속에 담긴 마음이 오고 가는 대화입니다. 쉽게 말해 심리 상담이란 말과 말이 만나는 것처럼 보이지만 사실은 마음과 마음이 만나는 장면인 것이지요. 우리가 어떤 심리적 고통감을 느끼는 것은 마음의 길 어딘가가 막혔기 때문입니다. 혈관이 막히면 혈액 순환이 되지 않아 여러 문제가 생기는 것처럼 마음의 길이 막히면 우울이나 불안 같은 모양으로 문제가 나타납니다. 심리 상담은 막혔던 마음의 길을 뚫어 주는 작업입니다. 마음과 마음이 만나면 막혔던 길이 뚫리는 경험을 할 수 있습니다."

마음은 눈에 보이지 않기 때문에 정확히 어떤 모양으로 변화가 일어나는지 정확히 알 수는 없습니다. 다만 저는 내담자들과 오랜 기간 이야기를 나누다 보니 마음이 이런 방식으로 움직이는 것처럼 보였습니다.

남편을 보면 화가 나고 답답한 사람이 있습니다. 남편에게 원하는 바를 요청해 보고 화를 내 보기도 했습니다. 친구들을 만나 속 시원하게 털어놓고 욕을 한 적도 있습니다. 그런데도 화가 사라지지 않아 결국 심리 상담소를 찾아갔습니다. 내담자는 남편에게 화가 나는 점이 무엇인지, 자신이 얼마나 화가 나고 답답한지 상담가에게 이야기합니다. 그러면 상담가는 더욱 구체적으로 질문하며 내담자의 깊숙한 마음을 함께 들여다봅니다. 그러다 보면 내담자는 '남편의 이런 점을 볼 때 화가 나는구나', '남편의 이런 행동에서 나를 존중하고 사랑하지 않는다고 느끼는구나', '나는 남편에게 존중받고, 사랑받고 싶구나' 같은 마음이 있었음을 알아차립니다. 내가 깊이 숨겨 두었던 솔직한 마음에 접촉하는 순간이자 내가 나의 마음과 만나는 순간인 것입니다.

상담가는 내담자가 이러한 순간을 경험할 수 있도록 지난한 과정을 그저 함께 따라갑니다. 때로는 상담가가 내담자와 동일한 마음을 느끼는 순간에도 마음과 마음이 만납니다. 이런 경우에도 내담자의 막혔던 마음의 길이 뚫리고 화났던 마음이 스르르 풀립니다. 내면 세계를 있는 그대로 자각하고 이해하며 '지금-여기'의 자신을 신뢰하도록 돕는 실존주의 상담가 어번 D.얄롬은 자신의 저서 《나는 사랑의 처형자가 되기 싫다》에서 이렇게 신념을 밝힙니다.

"치유하는 것은 관계다, 치유하는 것은 관계다, 치유하는 것은 관계다."

얄롬의 신념은 심리 상담의 여정을 막 시작했던 제 마음에 깊이 들어왔습니다. 이 문장은 제가 지금까지도 여전히 상담실에 들어가기 전 스스로에게 조용히 되새기는 말입니다.

사람은 사람으로 회복됩니다

해를 거듭할수록 심리 상담의 영역에 특정 기법이나 이론적

배경과 비교할 수 없을 만큼 더 중요하게 작용하는 힘이 있다고 느낍니다. 심리 상담가로서 제 경험이 부족한 탓이겠지만 정신 분석이나 인지 행동 치료, 인간 중심 치료 등 다양한 상담 방법의 기저에 이것들을 관통하는 핵심이 있다는 생각을 자주 합니다. 만약 내담자가 진짜 변화한다면, 즉 치료의 경험을 한다면 상담가가 특정 기법을 잘 썼기 때문만은 아닐 것입니다. 가장 어려우면서도 간단한 치료의 원리는 앞서 말했듯 '마음과 마음의 진실한 만남'에 있다고 봅니다. 깊이 숨어 있던 내담자의 솔직한 마음을 진짜 이해하고 공감하는 순간, 정말 진실하게 그 마음에 맞닿는 순간을 경험하고 나면 내담자가 어느새 성장했다는 것을 느끼기 때문입니다.

상담 과정에서 상담가는 어떤 해답을 제시하지 않고 드러나게 진두지휘하지 않습니다. 다만 관계 속에서 내담자를 비추는 거울이 되어 내담자가 스스로를 이해하도록 돕습니다. 이를 반영이라고 부르는데, 상담가가 내담자의 언어 밑바탕에 깔려 있는 감정을 파악해 상담가의 언어로 내담자에게 그대로 되돌려 주는 것이지요. 때로 상담가는 내담자가 스스로 볼 수 없는 부분들에 대해 질문하며 내담자가 자신을 탐색할 수 있도록 돕습니다. 상담가와의 관계를 통해 내담자가 자신의 진짜 모습을 바라볼 때 변화가 시작됩니다. 오직 마음과 마음이 진실하게 만날 때 치유가 이루어지는 것이지요.

이 책을 읽는 동안은 여러분이 내담자이자 곧 자신의 상담가가 될 것입니다. 부디 여기 담긴 내용을 거울삼아 앞으로도 자신의 모습을 잘 비추어 보기를 바랍니다. 그렇게 한다면 변화가 금세 여러분을 찾아올 것입니다. 또 스스로도 잘 몰라 주었던 내면 속 깊은 마음과 이를 이해하려는 마음이 만나기를 기대합니다. 진정한 마음과 마음의 만남을 경험하기 바랍니다. 치유하는 것은 관계니까요.

●●○○○

나를
바꾸는 능력,
마음 근육

아쉽게도 우리에게는 세상에서 경험하는 크고 작은 일들을 바꿀 힘이 많지 않습니다. 사람에 관해서는 더욱 그렇습니다. 그럼에도 사람들은 끊임없이 내 곁의 누군가를 바꾸려 시도합니다. 우리는 사랑이나 가르침, 조언이라는 말로 지치지도 않고 사람들을 변화시키려 애씁니다. 부모는 아이의 습관을 고치려고, 자식은 부모의 성격을 바꾸기 위해 노력합니다. 남편은 아내의 행동을, 아내는 남편의 말투를 바꾸려 합니다. 친구 관계에서도 별반 다르지 않습니다. 우리는 계속해서 누군가를 변화시키려 합니다. 하지만 불행하게도 이것은 애초에 불가능합니다.

내가 변화하면
모든 것이 달라지기 시작합니다

흔히들 사랑하는 이에게 "행복하게 해 주겠다"라는 말을 자주 합니다. 그런데 사실 이는 잘못된 표현입니다. '나'는 결코 누군가에게 행복을 줄 수 없습니다. 상대방이 행복을 느꼈다면 그 이유는 내 덕분이 아니고 '그 스스로'가 행복을 누렸기 때문일 것입니다. 상대방을 가르쳐서 그가 변화했더라도 내가 바꾼 것이 아닙니다. 아마 상대방이 무언가를 깨닫고 스스로 변화하기로 작정했기 때문이겠지요. 이러한 맥락에서 타인의 생각이나 감정을 바꾸는 주체는 결코 나일 수 없습니다. 심리 상담의 기본 원리도 그렇습니다.

또 한 가지 우리가 무심코 저지르는 오류가 있습니다. 바로 과거를 바꿀 수 있다고 착각하는 것입니다. 사람들은 어떠한 사건을 경험하고 난 뒤 계속해서 그 사건을 곱씹어 봅니다. '이렇게 했으면 좋았을 텐데…', '이 말을 하지 않았어야 했는데…' 하고 말입니다. 하지만 아무리 고민하고 돌이켜 봐도 우리에게는 과거를 바꿀 힘이 없습니다. 이러한 사실을 생각할 때면 무기력해지기도 하지요.

그렇지만 저는 우리에게 세상에서 경험하는 크고 작은 일들을 바꿀 힘도 있다는 것에 희망을 걸어 보고 싶습니다. 그 힘이란 바로 나를 바꾸는 능력입니다. 나의 기준을 바꾸거나 나의 생각을 달리해 나의 오만한 마음을 내려놓을 수 있는 힘, 이것은 내 곁의 사람들뿐 아니라 내가 경험하는 모든 일까지도 다르게 해석할 수 있는 여지를 제공합니다. 나는 오직 나만을 바꿀 수 있습니다. 하지만 나를 바꾸는 일은 곧 모든 것이 변화하는 시작점입니다. 내가 변하면 자연스레 나를 대하는 주변 사람들의 역동이 바뀝니다. 힘들었던 과거를 바라보는 나의 시선이 변하면 지금, 현재를 바꿀 수 있는 힘이 생깁니다. 나의 변화는 곧 모든 것의 변화를 만들어 냅니다.

이를 위해 키워야 하는 것이 바로 마음 근육입니다. 마음 근육은 나의 변화를 지탱해 주고 관세 속에서 살아가게 만드는 능력입니다. 이제 우리의 모습이 우울이나 불안의 모양이 아닌지 확인해 보고, 우울과 불안을 경험하고 있다면 마음 근육을 기르는 과정을 통해 이 감정들을 다루어 볼 것입니다. 스스로를 바꾸는 단단한 마음으로 여러분의 세상을 가꾸어 나가기 바랍니다.

3장

과거는
어떻게
현재를
흔들까요?

우울의
다양한 모양

바꿀 수 없는
과거를 되짚는 마음,
우울

우울한 사람의 시선은 과거에 머무릅니다. 특히 과거의 부정적인 사건에 초점을 맞추고 계속해서 지나간 시간을 되돌아봅니다. 오래전에 겪은 부정적 경험들을 자꾸 되짚으며 다시 상처를 받고 과거와 지금의 나를 비교하며 우울에 빠지기도 합니다. 예를 들면 '우리 부모님은 나에게 정서적 지지를 주지 않았어', '옛날부터 나는 머리가 나빠'라며 자신이 갖지 못한 것을 바라보는 사람, '그러지 말았어야 했는데. 그때 다른 선택을 했어야 했는데…'라고 거듭해서 과거의 행동을 후회하는 사람, '그때의 나는 이랬는데 지금의 나는 왜 이렇지' 하고 과거와 지금의 나를 비교하는 사람들은 몸이 현재에 있어도 마음은 과거에 살고 있는 분들입니다. 여전히 과거에 영향을 받고 있어 현재를 살아가기 어렵고 우울을 경험할 가능성이 크지요.

잘 살고 싶을 때 찾아옵니다

우리는 과거를 돌아보면서 부족한 점을 반성하고 성찰하고 더 성숙해집니다. 그런데 지나치게 과거를 돌아보면 도리어 과거에 사로잡히고 맙니다. 과거가 현재를 잡아먹는 것이지요. 이 경우 현재 느끼는 불만족감이 과거에 발생한 부정적인 사건들의 결과라는 생각이 듭니다. 지나간 과거가 지금의 내 발목을 잡는 것이지요. 결국 우울이 심해지면 과거에 파묻혀 헤어 나올 수 없는 수준에 이릅니다. 다르게 해석하면 우울은 잘 살고 싶었던 마음의 좌절입니다. 과거가 좋았다면 지금 더 잘 살고 있을 것 같아 자꾸만 과거를 돌아보는 것이지요. 잘 살고 싶었기 때문에 우울을 경험하는 것입니다.

미국의 심리학자 필립 짐바르도가 주장한 시간관time perspective의 개념은 이를 뒷받침합니다. 시간관이란 개인이 시간에 대해 주관적으로 느끼는 태도 및 가치관으로, 이는 개인의 과거 경험과 사회적 규범의 상호 작용을 통해 형성됩니다. 시간관은 과거 긍정, 과거 부정, 현재 쾌락, 현재 운명, 미래 지향으로 구분되는데, 짐바르도는 어느 하나의 시간관에 편향되기보다 상황에 따라 유연하게 전환하는 균형 잡힌 시간관을 가지는 것이 중요하다고 말합니다.

과거 긍정 시간관을 가진 사람은 과거에 경험한 것들을 소중히 여기고 좋았던 시절과 기억에 머무르려 합니다. 과거 부정 시간관을 가진 사람은 과거 잘못한 일들에 집착하고 사로잡힌 채 현재를 누리지 못하고 항상 후회와 아쉬움을 느끼며 살아갑니다. 연구에 따르면 과거 긍정 시간관을 가진 사람들은 우울을 경험할 가능성이 낮은 반면 과거 부정 시간관에 편향된 사람들은 우울을 경험할 가능성이 높습니다. 즉 우리의 시선이 과거에 부정적으로 머무를수록 쉽게 우울해질 수 있다는 것이지요.

과거를 반추하는 마음이자
끊어 낼 수 있는 마음입니다

인생은 언제나 불확실합니다. 그렇기에 우리는 늘 삶을 확실하게 예측하고 싶어 하지요. 여기서 '불확실성에 대한 인내력 부족intolerance of uncertainty'이라는 개념이 등장합니다. 이는 불확실성이 내포한 부정적인 결과의 가능성을 위협적으로 지각하고 견디지 못하는 특성을 말합니다.

불확실성에 대한 인내력이 부족한 사람은 불확실성을 피하기 위해 과거의 부정적인 사건에 근거해 미래를 부정적으로 예측하는 경향이 있습니다. '과거에 이러했으니 미래도 이럴 것이다'라고 확신하는 것이지요. 하지만 '과거가 부정적이었으니 미래도 부정적일 것이다'라는 예측은 어떤 행동을 하더라도 소용없다는 무력감을 불러일으킵니다. 쉽게 설명하면 과거에 머무는 시선이 미래를 부정적으로 예측하게 만들어 결국 우울로 이어진다는 말입니다.

이렇듯 우울의 핵심은 반추입니다. 반추는 부정적인 사건과 연관된 감정을 되짚어 생각하거나 부정적인 생각과 감정에 빠져 있도록 만드는 사고입니다. 불확실한 상황에서 반추라는 대처 방식을 사용하는 사람들은 우울을 겪을 가능성이 큽니다. 과거의 경험을 떠올리고 되짚으면서 부정적인 사건을 근거로 오지 않은 미래를 예측하기 때문에 우울을 경험하는 것이지요. 불확실한 상황에서 반추를 사용하는 이유는 부정적인 감정을 일시적으로 피할 수 있기 때문입니다. 그런데 반추가 지나치면 피하려 했던 상황을 더욱 부정적으로 받아들여 결국 무력감과 우울에 빠집니다.

우울을 경험하는 이유는 복잡하고 다양합니다. 우울 장애가 뇌 질환이듯 우울의 원인에도 생물학적이고 유전적인 이유가 있습니다. 스트레스나 환경적인 영향도 무시할 수 없지요. 또

한 우울은 과거에 머무르는 사람들에게 주로 찾아오지만 현재
와 미래에 시선을 둔 사람들에게도 찾아오곤 합니다. 다만 시
선이 부정적인 과거에 머물러 우울을 느끼는 경우라면 시선을
현재로 옮겨 볼 수 있지요.

노력으로 사라지는
마음이 아닙니다

이제 우울증은 우리 삶에서 너무나도 흔한 질병이 되었습니
다. 저는 우울증에 걸려 절망하는 사람들에게 이를 단순한 감
기라고 표현합니다. 우리는 찬바람을 맞거나 피곤해도, 면역
력이 떨어져도 감기에 걸립니다. 우울증 역시 마찬가지입니
다. 찬바람처럼 강한 스트레스를 경험해도 우울증에 걸릴 수
있고, 마음이 피곤할 때나 몸과 마음의 면역이 떨어질 때도 우
울증을 경험할 수 있습니다. 감기의 종류는 다양합니다. 치료
를 받지 않아도 저절로 낫는 감기가 있고 아무리 약을 먹어도
쉽게 떨어지지 않는 감기가 있습니다. 우울증도 마찬가지입니
다. 저절로 낫거나 노력으로 극복 가능한 우울증이 있는 반면
쉽게 낫지 않고 만성화되어 후유증까지 남기는 우울증이 있습
니다.

그런데 우리는 우울증에 큰 편견을 갖고 있습니다. 특히 우

울증을 의지의 문제라고 생각하지요. 다시 감기를 생각해 봅시다. 의지가 약해서 감기에 걸릴까요? 노력하지 않아서 감기가 낫지 않을까요? 우리는 감기에 걸린 사람들은 관대하게 바라보지만 우울증을 겪는 사람들에게는 지나치게 가혹한 시선을 보냅니다. 한 번 더 강조하고 싶은 것은 우울증이 마음의 감기 같다는 것입니다. 의지와 상관없이 흔히 겪는 일이라는 뜻입니다. 저는 여러분이 자기 내면의 우울을 잘 들여다보고 우울증의 원인을 의지의 문제로 결론 짓지 않기를 바랍니다. 필요하다면 약도 먹고 전문가의 도움을 받으며 잘 극복하기를 바랍니다.

저는 단순한 스트레스 반응을 넘어 심하고 지속적인 우울증을 겪는 분에게는 약을 권유합니다. 감기같이 잠깐 약을 먹으면 쉽게 회복되는 질병을 괜히 버티며 고생하지 않기를 바라기 때문입니다. 우울증으로 인한 후유증을 겪지 않고 수월히 지나가기를 바라는 마음도 있습니다. 편의점에서 감기약을 쉽게 사 먹듯 마음의 감기에 걸렸을 때도 누구나 쉽게 약을 타먹을 수 있는 환경이 만들어지면 좋겠습니다. 주변에 우울한 사람을 만났을 때 "얼른 병원 가서 약 먹고 푹 쉬어!"라고 이야기해도 아무렇지 않은 그런 날이 오기를 바랍니다.

이제 우리는 우울감과 우울 장애의 차이, 우울의 다양한 모양과 증상에 대해 자세히 살펴볼 것입니다. 각 사례를 통해 지금 내가 우울의 증상을 경험하고 있지는 않은지 돌아보면 좋겠습니다. 우울을 느끼는 것은 잘못이 아닙니다. 과거에 시선이 머무르는 것도 잘못이 아닙니다. 다만 마음이 지나치게 과거에 머물러 현재를 충만하게 살지 못한다면 고개를 들어 시선을 옮겨 봅시다. 생각하지 못한 즐거운 현재가 기다리고 있을지도 모르니까요.

●●◐○○

우울감과
우울 장애는
무엇이 다를까요?

우울감은 슬프거나 나쁜 일을 겪을 때 느끼는 기분으로 누구나 경험할 수 있는 우울한 감정입니다. 면접에서 떨어졌을 때, 친구나 연인과 다투었을 때, 실수를 했을 때, 비가 올 때 혹은 특별한 이유가 없을 때도 언제든지 느낄 수 있습니다. 우울감은 시간이 흐르거나 휴식을 취하거나 문제가 해결되면 대부분 나아집니다. 반면 우울증, 즉 우울 장애는 우울감이 짙어져 여러 증상으로 발현되는 질병입니다. 우울증은 질병이기 때문에 본인의 의지만으로 해결하기 어렵습니다. 점점 더 우울의 늪에 빠지면서 스스로 아무리 노력해도 도저히 빠져 나오기 어려운 상태에 놓이기도 하지요. 단순히 감정의 문제가 아닌 뇌 질환이기 때문입니다. 그렇다면 우울감과 우울증을 어떻게 구분할 수 있을까요?

우울의 스펙트럼과
진단 기준

이제 곧 이야기할 우울의 여러 가지 증상은 우울감을 느끼는 상태와 우울증을 겪는 상태 모두에서 나타날 수 있습니다. 차이는 증상의 강도와 빈도입니다. 즉 우울의 스펙트럼에서 어느 지점에 위치하느냐에 따라 우울감과 우울증으로 구분한다는 뜻이지요. 어느 수준까지는 우울감의 영역에 속한다고 보지만 어떤 기점을 넘어가면 우울 장애라는 이름을 붙입니다. 우울을 스펙트럼으로 나타내면 이런 모양입니다.

우울증의 종류는 다양합니다. 미국정신의학협회 APA 에서 2013년에 발행한 최신 정신 질환의 분류 및 진단 절차를 담은 매뉴얼인 《DSM-5》에 따르면 우울증에는 주요 우울 장애, 지속성 우울 장애(기분 부전 장애), 월경 전 불쾌 장애, 파괴적 기분 조절 장애가 있습니다. 그중 가장 대표적인 우울 장애인 주요 우울 장애를 예로 들어 설명하겠습니다. 다음은 주요 우울 장애의 진단 기준입니다.

A. 다음의 증상 가운데 다섯 개(또는 그 이상)의 증상이 연속 2주 기간 지속되며 이전의 기능과 비교할 때 변화를 보이는 경우, 증상 가운데 적어도 하나는 1. 우울한 기분이거나 2. 흥미나 즐거움의 상실이어야 한다.

1. 하루의 대부분, 그리고 거의 매일 지속되는 우울한 기분이 주관적인 보고나 객관적인 관찰로 드러남.

2. 거의 매일, 하루의 대부분, 거의 또는 모든 일상 활동에 대해 흥미나 즐거움이 뚜렷하게 저하됨.

3. 의미 있는 체중의 감소(예: 1개월 동안 5% 이상의 체중 변화)나 체중의 증가, 거의 매일 나타나는 식욕의 감소나 증가가 있음.

4. 거의 매일 나타나는 불면이나 과다 수면.

5. 거의 매일 나타나는 정신 운동 초조나 지연.

6. 거의 매일 나타나는 피로나 활력의 상실.

7. 거의 매일 느끼는 무가치감 또는 과도하거나 부적절한 죄책감.

8. 거의 매일 나타나는 사고력이나 집중력의 감소 또는 우유부단함.

9. 반복적인 죽음에 대한 생각, 구체적인 계획 없이 반복
되는 자살 사고, 또는 자살 시도나 자살 수행에 대한
구체적인 계획.
B. 증상이 사회적, 직업적, 또는 다른 중요한 기능 영역에서
임상적으로 현저한 고통이나 손상을 초래한다.
C. 삽화episode가 물질의 생리적 효과나 다른 의학적 상태로
인한 것이 아니다.
D. 주요 우울 삽화가 조현 정동 장애, 조현병, 조현 양상 장
애, 망상 장애 등 달리 명시되거나 또는 명시되지 않은
조현병 스펙트럼 및 기타 정신병적 장애로 더 잘 설명되
지 않는다.
E. 조증 삽화 혹은 경조증 삽화가 존재한 적이 없다.

진단 기준 A의 증상들은 곧 살펴볼 것입니다. 아홉 가지 증
상 중 다섯 개 이상이 나타났다면 단순 우울감이 아닌 우울 장
애일 가능성이 있습니다. 그런데 우울감과 우울 장애를 구분
할 때 증상보다 더욱 중요한 기준이 두 가지 있습니다. 하나는
지속 기간입니다. 반면 우울감은 길지 않은 시일 내에 회복되
는 경향이 있습니다. 우울증은 증상이 2주 이상 길게 지속됩
니다. 심지어 거의 매일, 하루의 대부분 동안 지속되지요. 다
른 하나는 '주관적 고통감의 크기가 상당한가? 혹은 이로 인해

일상 기능의 손실이 있는가?'를 나타내는 진단 기준 B입니다.

우울의 증상들 때문에 지나친 괴로움을 경험하고 있다면 우울감이라기보다는 우울증으로 판단합니다. 또한 스스로는 고통감을 느끼지 않는다고 말하지만 평소처럼 실제 일상생활을 영위하는 데 필요한 기능(능력)에 지장을 받고 있다면 이 또한 우울증으로 진단합니다. 예를 들면 성적이 크게 떨어졌을 때, 업무 효율이 저하되었을 때, 대인 관계에서 양상이 달라졌을 때 우울이 일상 기능에 영향을 주고 있다고 판단합니다.

그러나 우울은 매우 주관적인 영역이기 때문에 보통은 내가 경험하는 우울감의 심각도가 얼마나 큰지 분별하기 어렵습니다. 증상의 심각도를 더욱 정확하게 파악하고 싶다면 임상심리사나 정신건강의학과 의사 같은 전문가를 찾아가는 것도 큰 도움이 됩니다. 다만 이에 앞서 자신이 경험하는 모습이 우울의 증상은 아닌지 스스로 확인해 봐야겠지요. 이제 우울의 여러 가지 모양을 자세히 살펴보겠습니다.

다양한 모양으로
찾아오는 우울

우울은 복합 감정입니다. 단순한 하나의 감정이 아니라 슬픔, 죄책감, 외로움, 분노, 무가치함, 절망감, 과민함 등 다양한 감정이 합쳐지고 겹쳐져 나타나는 상태입니다. 그렇기에 우울의 증상도 다양하고 복잡합니다.

우울하면 평소보다 자주 울컥하고 눈물이 납니다. 울적한 기분이 들며 슬프고 절망적인 느낌도 경험하지요. 일상에서 흥미나 즐거움도 감소합니다. 평소에 즐겨 보던 드라마나 영화도 우울한 상태에서는 재미가 없어집니다. 점점 아무것도 하기 싫어져 침대에 누워 있는 시간이 많아지지요. 무기력감이 들고 모든 일에 의욕이 없어집니다. 우울하면 식욕과 체중의 변화가 나타납니다. 어떤 사람은 입맛이 떨어져 살이 빠지고 어떤 사람은 폭식을 하고 체중이 증가합니다. 우울한 사람은 수면의 변화도 겪습니다. 수면의 변화는 불면과 과다 수면의 양상으로 나뉩니다. 잠에 들기 어렵고 자꾸만 깨거나 평소보다 오랜 시간을 자고 아무리 많이 자도 피곤하다고 느낍니다. 우울하면 초조하고 안절부절못하는 모습을 보이기도 합니다. 반대로 생각이나 말의 속도가 느려지기도 하지요.

거의 매일 피로하고 활력을 상실한 모습도 보입니다. 스스로를 무가치하다고 판단하며 과도하고 부적절한 죄책감을 느끼고, 사고력과 집중력이 감소하고 우유부단해져 결정을 쉽게 내리지 못합니다. 자해를 하거나 자기 파괴적인 행동이 증가하고 죽음에 대해 반복적으로 생각하기도 하지요. 과거의 일을 계속해서 반추하는 모습도 보입니다. 또 우울하면 시야가 좁아져 부정적인 일들만 눈에 띄고 사소한 일에도 짜증과 화가 치솟습니다. 때로는 몸의 어딘가가 아프기도 합니다.

이렇게 우울의 증상은 매우 다양합니다. 그렇다고 이 모든 증상을 동시에 경험하지는 않습니다. 사람마다 다른 모양의 우울을 경험한다는 뜻이지요. 누군가는 자주 눈물이 나고 살이 빠지고 불안하고 초조한 모양의 우울을 경험합니다. 또 누군가는 아무것도 하기 싫고 무기력해 하루 종일 잠만 자는 모양의 우울을 경험합니다. 우울은 스펙트럼이 넓습니다. 완전히 다른 모양의 우울이 존재하지요. 지금부터는 각각의 증상이 어떤 모습인지 구체적인 사례를 통해 살펴보겠습니다. 이 모든 증상을 경험해야 우울한 것이 아니라 이 중 한두 개만을 경험하더라도 우울한 것일 수 있다는 사실을 기억하기 바랍니다.

●●○○○

우울감이
울컥 올라오고
무기력해요

우울한 기분과
울컥함

- 30대인 지은 씨는 직장에서 능력을 인정받으며 일했고 사람들과도 잘 어울렸습니다. 스스로 일을 잘한다는 자신감도 있었습니다. 그런데 약 3년이 지나자 이 회사에서 계속 커리어를 쌓아 간다면 큰 발전이 없겠다는 생각이 들었습니다. 지은 씨는 이직을 준비했고 비교적 쉽게 이직에 성공했습니다. 새로운 직장에서는 이전과 달리 멋진 일들이 펼쳐질 것으로 기대했지요. 무슨 일이든 잘 해낼 자신도 있었습니다. 그런데 문제가 생겼습니다. 이직 후 성격이 맞지 않는 상사를 만난

것입니다. 지은 씨는 점점 회사에서 눈치를 보기 시작했습니다. 크게 혼이 나거나 갈등을 겪지는 않았지만 업무에 자신감이 없어지고 부정적인 피드백을 들을까 봐 조심스러워졌습니다. 자꾸만 울컥하는 일도 많아졌습니다. 회의에서 받는 사소한 피드백에도 눈물이 나오고, 일상생활에서도 평소와 달리 울적한 기분이 자주 들었습니다. 늘 들었던 부모님의 잔소리도 비수처럼 날아와 마음에 박혀 눈물이 펑펑 났습니다.

우울의 다양한 모양 중 첫 번째는 '우울한 기분'과 '울컥하는 마음'입니다. 즉 주관적인 기분 상태가 울적하고 우울해지는 가장 직관적인 우울의 모습이지요. 우울에 대해 잘 모르는 사람들은 매우 절망적이거나 슬퍼서 아무것도 못 하고 누워 있어야만 우울한 상태라고 생각합니다. 그런데 실제 우울은 울적하고 울컥하는 마음을 시작으로 나타납니다. 우울감이 찾아오기 시작할 무렵엔 사소한 일들에 기분이 가라앉거나 이전에는 아무렇지 않았던 말에 상처받는 등 주관적인 기분 상태가 변화합니다.

평소에도 마음이 여리고 눈물이 많은 사람이었다면 이전보다 더 자주 눈물이 나는지 확인해 보는 것도 좋습니다. 왈칵 눈물이 나는 이유는 내 마음이 사소한 자극에도 민감하게 반응하기 때문입니다. 또한 더 큰 우울에서 나를 지키기 위해 힘들고 우울한 마음이 눈물로 표현되는 것입니다. 평소보다 더 오래 울적한 기분이 지속되고 자주 울컥하는 날들이 많아진다면 이는 분명 우울의 증상입니다.

지은 씨가 회사에서만 울컥하는 마음이 들고 위축되었을 뿐 친구들과 이야기를 나눌 때나 부모님의 잔소리에 평소처럼 대처할 수 있었다면 우울한 기분은 스트레스에 대한 자연스러운 반응입니다. 혹은 우울하고 울컥하는 마음이 들다가도 즐거운 일이 생기자 기분이 금세 좋아졌다면 이 또한 상황에 적절하게 우울한 기분을 느낀 것이지요. 그런데 만약 여러분도 지은 씨처럼 울적한 기분이 쉽게 나아지지 않고 하루 대부분의 시간 동안 지속된다면 지금 우울의 길로 들어서고 있지는 않은지 멈추어 생각해 봐야 합니다. 우울을 크게 경험하면서도 모른 채 지나가고 있을지 모릅니다.

흥미 감소와
무기력함

- 은주 씨는 20대 여성입니다. 스스로는 아무 문제가 없다고 생각하지만 가족들의 권유로 상담실을 찾아왔지요. 은주 씨는 최근에 스트레스 받을 일이 전혀 없었고 기분도 괜찮다고 말했습니다. 단지 몸이 피곤해 온종일 침대에 누워 지내고 싶을

뿐이라고 했지요. 예능 프로그램을 봐도 재미가 없고, 이전에 좋아했던 영화나 책을 보는 것에도 흥미가 떨어졌다고 말입니다. 또 이전과 달리 친구들을 만나고 싶지 않고, 누구와도 대화하지 않고 혼자 지내는 것이 편하다고도 했습니다. 차분하게 스스로에 대해 이야기하는 내내 은주 씨의 표정에서는 어떠한 감정이나 생동감도 느껴지지 않았습니다.

우울의 핵심적인 증상 중 하나는 '아무것도 하고 싶지 않은 것'입니다. 우리는 흔히 우울하면 눈물을 흘리고 주로 절망스러운 감정을 겪을 것으로 생각합니다. 그런데 아이러니하게도 감정이 줄어드는 것 또한 우울의 핵심적인 증상입니다. 이를 '흥미의 감소' 또는 '무기력감'이라고 말합니다.

우울이 찾아오는 초반에는 먼저 흥미의 감소라는 가벼운 증상이 발현됩니다. 원래 즐기던 취미나 활동들이 재미없어지는 것입니다. 이전에는 영화를 보거나 사람들을 만나며 스트레스를 해소하던 사람이 우울해지면 더 이상 영화가 재미없다 느끼고 사람들을 만나지도 않습니다. 점점 활동 반경이 줄어들어 결국에는 누워 있거나 자는 것 외에는 아무것도 하고 싶지 않다고 느낍니다. 흥미의 감소가 무기력감으로 이어지는 것이지요. 무기력감이 점점 심해지면 걸어 잠근 방에서 커튼을 치고 밖으로 나오지 않습니다. 방 안에 놓인 쓰레기를 주워 쓰레

기통에 버리는 일이나 집 밖으로 나가는 일조차 매우 어려워지지요.

저는 이러한 모습을 "삶의 의욕이 떨어지는 것"이라고 표현합니다. 다른 말로 하면 '생욕이 떨어지는 것'입니다. 식욕이 먹는 것에 대한 욕구라면 생욕은 살아가고자 하는 욕구입니다. 식욕이 떨어지면 아무것도 먹고 싶지 않듯 생욕이 떨어지면 아무것도 하고 싶지 않습니다. 삶의 의욕이 떨어지면 세상이 회색빛으로 느껴지고, 눈물이 나오지도 않을 만큼 정서가 메마르기도 합니다. 더군다나 이 모습은 우울의 다른 증상이 상당 부분 호전되더라도 마지막까지 잔류하는 경향이 있습니다. 따라서 회복되기까지 상당한 시간이 걸리고 장기화되면 일상으로 복귀하는 데 큰 어려움을 겪기도 합니다.

문제는 이 증상이 스며들듯 찾아온다는 것입니다. 흥미 감소와 무기력감은 우리도 모르는 사이에 서서히 찾아와 곁에 머물기 때문에 스스로 인지하지 못하는 경우가 빈번합니다. 만약 일상에서 무언가가 재미없어지고 하고 싶은 일이 사라졌다면 잠시 멈추어 내가 우울하지 않은지 돌아봅시다. 평소와 달리 친구를 만나거나 밖에 나가고 싶은 생각이 사라졌다면 과도한 스트레스에 침몰되어 무기력해지지 않았는지 점검해 보면 좋겠습니다.

적게 먹거나 많이 먹고,
적게 자거나
많이 자요

식욕과 체중 감소,
폭식과 체중 증가

● 결혼 후 아내와 큰 갈등 없이 지내던 30대 후반 승우 씨는 최
근 들어 아내와 자주 싸웠습니다. 집값이 치솟으면서 내 집
마련을 못할 것 같다는 불안감이 엄습했기 때문입니다. 아내
는 결혼 이후 줄곧 집을 사자고 했지만 무리해서 빚을 내기
싫었던 승우 씨는 전세를 주장했습니다. 두 사람은 열심히 일
해 돈을 모았지만 집값이 폭등해 갈 곳을 잃었습니다. 뒤늦게
목돈을 마련하려 주식 투자에도 뛰어들었지만 내 집 마련의
꿈은 물거품이 된 것 같았지요. 승우 씨는 점점 입맛이 없어

졌고 식사량이 줄어 끼니를 거르는 일이 많아졌습니다. 한 달 사이에 체중이 5kg나 감소했지요.

우울을 경험하는 사람은 식욕이 감소하는 경우가 많습니다. 맛있는 음식을 떠올리기는커녕 식사 자체를 하고 싶지 않고 더욱이 입맛이 없어 챙겨 먹지 않는 경우가 허다합니다. 때로는 우울감이 심해 식욕이 없어졌다는 것조차 잘 느끼지 못합니다. 이럴 때는 최근 체중이 급격하게 감소했는지를 보면 알 수 있습니다. 이는 객관적으로 관찰할 수 있는 징후이므로 우울을 확인하는 데 반드시 필요한 요소입니다. 승우 씨는 집값으로 스트레스를 받고 있지만 우울감이 크지 않다고 말했습니다. 하지만 그의 체중 감소는 우울의 가능성을 시사했습니다.

식욕 저하, 체중 감소 같은 증상을 '생장 증상vegetative symptom' 이라고 부릅니다. 생장 증상은 삶을 유지하는 데 필요한 신체 기능이 교란된 모양을 말합니다. 즉 생명 유지와 번식에 필요한 기능에 문제가 생긴 것입니다. 주로 식욕, 수면, 성 기능이나 성욕에 이상이 생깁니다. 앞서 말했듯 우울은 생욕 저하의 문제입니다. 우리 몸의 살아가고자 하는 의욕이 저하되는 것이지요. 식욕의 감소는 생욕 저하가 생리적으로 드러나는 모습입니다. 우리는 몸에 필요한 에너지가 공급되어야 살 수 있는데, 에너지를 공급하고 싶은 의욕이 떨어지는 것이지요.

반대로 우울하면 오히려 폭식을 하거나 체중이 증가하는 경우도 있습니다. 이를 '역생장 증상reversed vegetative symptom'이라 부르는데, 평소보다 많이 먹고 폭식을 하거나 체중이 증가하는 증상입니다. 이런 사람들은 스트레스를 받을 때 달거나 맵고 짠 자극적인 음식을 찾는 경향이 있습니다. 한 번에 먹는 양이 지나치게 많고, 먹어도 먹어도 배가 허해 계속 먹을 것을 찾습니다. 또 폭식을 할 때 스스로 조절할 수 없다는 느낌이 드는 것도 우울의 증상일 수 있습니다.

식욕의 저하든 증가든 이러한 모습들은 정상적인 생욕에서의 이탈입니다. 체계가 무너진 것입니다. 만약 여러분의 식욕이나 체중에 급격한 변화가 있다면 내 마음이 우울하지 않은지 확인해 볼 필요가 있습니다. 우울이 마음도 모자라 내 몸을 무너뜨리고 망가뜨린다면 그것은 더욱 슬픈 일이니까요.

불면증과
과다 수면

- 40대 초반인 수진 씨는 잠을 푹 자 본 지 오래되었습니다. 오래전에 생긴 불면증이 지금까지 이어져 이제는 신경 쓰이는 일만 생기면 잠에 잘 들지 못합니다. 자려고 누우면 여러 생각이 꼬리에 꼬리를 물어 머리가 아픕니다. 잠이 오지 않아

이리저리 뒤척이다 시간을 확인하면 1~2시간이 훌쩍 지나 있기도 하지요. 뒤척이는 동안 '내일 피곤하지 않으려면 잠들어야 하는데 왜 이렇게 잠이 안 오지…'라고 생각합니다. 간신히 잠에 들었다가도 새벽에 자꾸만 깨서 아침에 일어나면 무척 피로합니다.

● 기훈 씨는 군대를 제대한 후로 잠이 무척 많아졌습니다. 아침 일찍부터 일어나 해야 하는 일도 없고, 코로나19 때문에 친구들도 만나지 못해 집에 있는 시간이 많아졌기 때문입니다. 기훈 씨는 아무리 자도 피곤함이 풀리지 않아 자꾸만 잠에 듭니다. 오후 2시에 일어나 잠깐 밥을 먹고 넷플릭스 드라마를 시청하다가 다시 잠에 빠집니다. 하루 수면 시간을 따져 보면 최소 15시간 이상은 잠에 빠져 있는 것 같습니다.

수진 씨와 기훈 씨는 모두 수면 장애를 가지고 있습니다. 한쪽은 너무 못 자서 문제이고 한쪽은 너무 많이 자서 문제입니다. 우리는 전자를 불면증, 후자를 과다 수면이라고 부릅니다. 이 두 가지 수면 장애는 모두 우울과 관련이 깊습니다. 우울 장애가 있는 사람들의 80%가 수면 장애를 겪기 때문입니다.

그중 가장 일반적인 것은 불면증입니다. 불면증은 세 가지 양상으로 나타납니다. 잠에 잘 들지 못하는 수면 개시의 문제,

잠에 들어도 자주 깨는 수면 유지의 문제, 이른 아침 일찍 깨서 다시 잠들기 어려운 수면 종료의 문제입니다. 이러한 양상이 주 3회, 3개월 이상 지속되면 불면 장애로 진단합니다. 우울할 때 잠이 오지 않는 이유는 심리적, 신체적으로 각성되어 있기 때문입니다. 사실 더 큰 문제는 따로 있습니다. 우울로 인해 양질의 수면을 취하지 못하면 컨디션이 저조해져 기분이 더욱 나빠지는 악순환에 빠지기 때문입니다.

과다 수면은 충분한 수면을 취하고도 낮 시간에 과도한 졸음과 피로로 일상생활에 어려움을 겪는 상태입니다. 이로 인해 수면 주기가 무너지고 낮밤이 바뀌는 경우도 흔합니다. 문제는 수면이 과도해지면 누워 있는 시간이 많아지고 무기력해져서 더욱 우울해진다는 것입니다. 불면증과 마찬가지로 우울이 수면 문제를 만들고 수면 문제가 우울을 더욱 악화하는 악순환의 고리에 빠지기 쉽다는 뜻이지요.

우울할 때 과다 수면에 빠지는 사람들은 심리적으로 어려운 상황을 마주했을 때 회피하는 경향이 큽니다. 어쩌면 잠으로 도망치는 것일지도 모르겠습니다. 참고로 평소 회사 생활에 지쳐 주말에 잠을 몰아 자는 것은 우울로 보지 않습니다. 이는 단지 심리적으로 보상하려는 것일 뿐이지요. 그러나 일주일 동안 대부분의 날에 잠이 쏟아지듯 많아진다면 우울을 의심해 볼 수 있습니다.

겨울잠은 동물들이 먹이가 없는 추운 겨울을 이겨 내려 선택한 생존 전략입니다. 개구리는 체액을 부동액 형태로 만들어 심장을 멈춘 뒤 먹지 않고 잠을 자고, 곰은 체온을 낮추고 심장 박동 수를 낮춘 후 굶으며 잠에 듭니다. 즉 에너지를 비축하고 몸의 상태를 환경에 맞추어 추위를 이겨 냅니다. 인간인 우리도 마음의 겨울을 맞이할 때 겨울잠에 빠지는 양상을 보이는 듯합니다. 동물들이 혹독한 추위에 맞서 겨울잠에 들듯 사람들도 감당하기 어려운 우울을 경험할 때 오랜 시간 잠에 드는 게 아닐까요?

수면 문제는 장기간 이어질수록 습관화되어 원래 상태로 돌아오기 힘듭니다. 평소와 달리 잠에 들지 못하는 날이 많아지거나 유난히 피곤하고 잠이 쏟아진다면 내가 우울한 상태가 아닌지 빨리 알아차려야 합니다. 수면 장애는 앞서 언급한 생장 증상에 해당합니다. 삶을 유지하는 데 필요한 신체 기능이 교란되고 체계가 무너졌다는 뜻이지요. 수면이 적어지든 많아지든 보통의 수준에서 벗어난다면 병리적인 상태입니다. 몸이 반응할 때는 더욱 주의를 기울여 마음을 살펴봐야 합니다.

●◐○○○

초조해지거나 느려지고,
짜증이 나고
폭발할 것 같아요

정신 운동성 초조와
정신 운동성 지체

● 은빈 씨는 오래 사귄 남자 친구와 다투다가 홧김에 헤어지자
고 말했습니다. 하지만 충동적으로 말한 것을 후회하고 곧바
로 남자 친구를 붙잡았습니다. 이후 이야기를 나누면서 화해
하고 오해를 풀었지만 은빈 씨는 남자 친구의 마음이 이전과
달라진 것을 느꼈습니다. 남자 친구는 은빈 씨가 헤어지자고
말한 것이 무척 실망이라고 이야기했습니다. 은빈 씨는 남자
친구의 눈치를 보기 시작했습니다. 자신을 대하는 남자 친구
의 태도가 싸늘하고 차가워졌다고 느꼈기 때문입니다.

은빈 씨는 '이러다가 정말 헤어지면 어떡하지?'라는 생각이 들며 불안해졌습니다. 남자 친구가 자신을 싫어하는 것 같아 말과 행동이 조심스러워지고 연락하는 도중에도 답장이 빨리 오지 않으면 초조해졌습니다. 은빈 씨는 점차 남자 친구와의 관계뿐 아니라 모든 대인 관계에도 민감해졌습니다. 사람들에게 '내가 이렇게 말해서 정 떨어지지 않았는지'를 반복적으로 확인했지요. 상담실에서 이야기하는 내내 은빈 씨의 눈빛은 흔들렸고, 계속해서 몸을 움직이며 안절부절못하는 모습을 보였습니다.

- 상담실을 들어서는 30대 정우 씨의 걸음은 어딘가 부자연스러웠습니다. 인사를 하고 자리에 앉기까지 정우 씨의 행동과 몸짓은 다른 사람들보다 확연히 느렸습니다. 무슨 문제로 힘든지 이야기를 나눌 때도 마찬가지였습니다. 말과 말 사이에 여백이 많아 무슨 이야기를 하는지 단번에 이해하기 어려웠습니다. 이야기하던 중에 말을 멈추기도 했고 자신이 무슨 이야기를 하고 있었는지 몰라 혼란스러워했습니다.

은빈 씨의 경우를 먼저 살펴보겠습니다. '정신 운동성 초조psychomotor agitation'란 심한 불안이 신체적 긴장으로 나타나는, 소위 어찌할 바를 모르는 상태를 말합니다. 불안이란 실제 외부 위협의 유무와 관계없이 주관적으로 느끼는 두려움의 상태입니다. 이 불안한 기분이 운동 계통에도 영향을 미쳐서 신체적 현상이 동반될 때, 즉 조바심과 안절부절못하는 행동이 외적으로 함께 관찰될 때 이를 초조하다고 말하는 것이지요.

정신 운동성 초조는 우울 중에서도 에너지가 부글부글 넘치는 우울입니다. 산후 우울증, 갱년기 우울증이나 화병에서 많이 관찰되는 증상이지요. 은빈 씨의 경우 남자 친구와 헤어질 수 있다는 불안이 매우 커서 조바심이 나고 안절부절못하는 신체적 긴장으로도 함께 나타났기 때문에 정신 운동성 초조를 보인다고 할 수 있습니다.

다음은 정우 씨입니다. '정신 운동성 지체psychomotor retardation'란 사고나 행동, 말이나 감정 표현 같은 정신적, 신체적 활동 속도가 저하된 상태를 말합니다. 즉 생각하는 속도와 말하는 속도가 느려지거나 몸의 움직임이 느려지는 현상을 말합니다. 우울 장애가 심한 사람은 정신 운동 속도가 저하되는 경향이 있고, 스스로도 말하는 속도가 느려지고 생각이 흐릿해졌다고 표현하는 경우가 많습니다.

은빈 씨와 정우 씨의 증상은 겉으로는 완전히 다르지만 두 사람 다 우울을 경험하는 중이라고 볼 수 있습니다. 혹시 여러분에게도 은빈 씨와 정우 씨 같은 모습이 나타났나요? 혹시 내게서 이런 증상이 보인다는 이야기를 들은 적이 있나요? 그렇다면 나도 모르는 사이 우울에 깊이 빠진 상태일 수 있으니 내 마음을 가만히 살펴보는 시간을 가져 봅시다.

변덕스러움과 혼재성 양상

● 대학교 4학년인 지현 씨는 어머니로부터 "너 요즘 왜 이렇게 싸움닭 같니?"라는 말을 듣고 화들짝 놀랐습니다. 돌이켜 보니 최근에 짜증과 화가 났던 일이 너무 많았습니다. 지난주에는 친구 두 명과 크게 싸워 지금까지 연락하지 않았고 오늘은 어머니와 말다툼을 했습니다. 생각해 보면 카페나 학교에서도 짜증 나고 화나는 일이 많았습니다. 평소라면 넘어갔을 아르바이트생의 무례한 행동에 따지기도, 학교가 말도 안 되는 시험 규정을 만들어 뚜껑이 열리기도 했습니다. 어머니는 지현 씨가 사람들에게 자꾸만 싸움을 건다고 말했습니다. 기분도 자주 오락가락합니다. 우울했다가도 기분이 금세 괜찮아집니다. 다가오는 졸업 시험을 생각하면 갑자기 불안해지고 초조해지지만 곧 잘할 것 같은 자신감이 듭니다.

사람들은 흔히 우울하면 절망스럽고 위축되며 눈물이 날 것이라고 생각합니다. 그런데 혼재성 양상은 우리가 보통 생각하는 우울과 조금 다른 모습을 보입니다. 일반적으로 우울을 경험하는 사람들이 에너지가 없는 모습이라면, 혼재성 우울을 겪는 사람들은 오히려 에너지가 넘쳐 부글부글 끓어오르는 듯한 모습입니다. 톡 하고 건드리면 펑 하고 터질 것 같은 느낌이 듭니다. 마치 지현 씨처럼 말이지요.

혼재성 양상은 자극 과민성, 기분의 변동, 초조, 안절부절못함, 자살 사고 같은 모양으로 나타납니다. 자극 과민성은 약간의 자극에도 비정상적으로 과도하게 반응하는 것으로, 이 증상이 나타나면 쉽게 짜증이 나고 흥분하며 예민해집니다. 자주 화가 나 '터질 것 같다'고 느끼고 주변 사람들과 빈번한 갈등을 겪습니다. 때로는 공격적인 모습도 보이지요. 기분은 수시로 달라져서 더 힘듭니다. 지현 씨처럼 우울했다가 괜찮아지고 불안하다가도 자신감이 생겨서 우울하다고 생각하지 못합니다. 변덕스럽다는 이야기를 들을 때도 있지요. 앞에서 살펴본 초조와 안절부절못하는 모습도 나타나 스스로 불안을 조절할 수 없다고 느끼고, 주변 사람들도 '너 부글부글 끓는 주전자 같아'라고 생각할 수 있습니다. 자해나 자살에 대한 생각을 충동적으로 하는 경우도 있습니다.

혼재성 우울을 자주 겪는 사람은 양극성 장애(조울증)를 경험할 가능성이 큽니다. 양극성 장애란 기분이 들뜨는 조증, 경조증과 기분이 가라앉는 우울증이 나타나는 기분 장애입니다.

즉 양극성 장애의 우울도 일반적인 모습과 조금 다른 양상을 보이지요. 약물 치료를 할 때도 혼재성 우울을 겪는 사람에게는 항우울제에 항정신병 약물을 추가하는 등 보통의 우울과 다르게 접근합니다. 그러나 어떤 우울이든 우울을 겪는 사람이 이를 스스로 판단하기는 어렵습니다. 그러니 평소와 달리 예민하고 짜증이 많이 나거나 기분의 변동이 잦다면 우울일 가능성이 있다는 것을 기억하기 바랍니다.

●◑◐○○

끝없이 피로하고,
소화가 안 되거나
몸이 아파요

피로감과
활력 상실

● 윤정 씨는 피로감에서 벗어나지 못하고 있습니다. 3년 전 임신을 하면서 시작된 만성 피로가 여전했기 때문입니다. 처음에는 임신 과정에서 생기는 일시적인 증상인 줄 알았지만 아이가 태어나고 나서도 지친 상태가 계속되었습니다. 아무리 오래 자도 피곤하고 매일 아침 잠에서 깨어나면 까부라집니다. 임신 전과 달리 몸에 힘이 들어가지 않고 근육통을 단 채로 생활합니다. 활력이 사라진 지 오래되었지만 윤정 씨는 만성 피로라고만 생각하고 영양제를 챙겨 먹으며 지냈습니다.

여러 노력에도 점점 더 활력을 잃어 가던 윤정 씨는 아이 양육조차 힘든 상태가 되어서야 남편과 상담실을 방문했습니다. 윤정 씨가 피곤한 원인은 몸이 아니라 마음에 있었습니다. 우리는 감기에 걸리거나 일시적으로 컨디션이 좋지 않을 때도, 잠을 잘 못 자도 피로감을 느낍니다. 피로감은 현대 사회를 살아가는 우리 모두에게 꽤 익숙한 모습이지요. 그래서인지 피로감을 느낀다고 크게 걱정하거나 병원을 찾아가는 일이 많지 않습니다.

그런데 만성 피로는 우울의 모양일 가능성이 높습니다. 어쩌면 단순한 피로감이 아니라 우울이 발현한 모습인데 이를 놓쳤을 수도 있다는 말이지요. 피로감과 활력 상실은 우울에 빠질 때 흔히 경험하는 증상입니다. 이 증상을 겪는 사람들은 자도 자도 피곤하고 매 순간 지쳐 있습니다. 피로감은 몸을 움직이지 못하게 만들고, 움직이지 않는 몸은 피로감을 배로 부풀리는 악순환을 가져오지요. 그렇기 때문에 피곤할수록 오히려 힘을 내 몸을 움직여야 합니다.

우울증을 겪고 있는 사람의 하루 활동량을 살펴보면 놀랄 때가 많습니다. 하루에 1,000보도 걷지 않는 날이 빈번하기 때문입니다. 미국 의학 저널 〈미국의학협회지JAMA〉에 발표된 미국 질병통제예방센터와 국립노화연구소, 국립암연구소의 연구에 따르면 하루에 8,000보를 걸으면 10년 내 사망률이 절반으로 줄어든다고 합니다. 흔히 건강을 관리하려면 하루 1만 보는 걸어야 한다고 말합니다. 이 정도까지는 아니더라도 최소 5,000보 이상은 걸어야 몸이 평상시의 기능을 유지할 수 있습니다. 핸드폰의 건강 관리 앱이나 만보기 앱을 열어 자신의 하루 평균 걸음 수를 확인해 봅시다. 5,000보가 되지 않는다면 일어나 더욱 몸을 움직여야 할 때입니다.

우울을 경험하면 에너지가 잘 충전되지 않습니다. 평소라면 사소한 일들에 기분이 좋아지고 활력을 금세 되찾았겠지만 우울이 찾아왔을 때는 다릅니다. 건강한 재료로 만든 음식을 먹어도, 충분히 잠을 자도, 재미있는 영화를 보며 푹 쉬어도 에너지가 잘 돌아오지 않습니다. 게다가 우울에 빠져 있는 상태에서는 우리 몸과 마음의 연비가 무척 낮아집니다. 가까스로 충전된 에너지를 금방 다 써 버리기 때문에 쉽게 피로감을 느끼는 것이지요. 어쩌면 우울이라는 감정을 다루는 데 나도 모르게 에너지를 많이 소모해 일상에서 사용할 양이 없을 수도 있겠습니다.

혹시 침대에 누워 아무것도 하지 않는데도 피곤한 날들이 지속되고 있지 않나요? 하루 종일 핸드폰만 붙잡고 무의미하게 SNS를 보고 있지 않나요? 그렇다면 피곤한 몸을 탓하기보다 먼저 자신의 마음을 다정하게 살펴봐 주길 바랍니다. 피로감이 우울로부터 왔을지도 모르니까요.

두통, 어지럼증, 소화 불량, 손발 저림 등
신체화

● 최근 나영 씨는 몸이 좋지 않아 휴직서를 냈습니다. 쉬지 않고 직장 생활을 하면서 힘들었지만 그래도 그럭저럭 버텨 왔는데 이제는 몸이 따라 주지를 않기 때문입니다. 나영 씨는 아프지 않은 곳이 없었습니다. 항상 두통과 어지럼증을 달고 살았지요. 메스꺼움을 느낄 때도 있었고 소화가 잘 되지 않거나 손발이 저린 적도 많았습니다. 여러 병원을 돌며 여러 검사를 받았지만 특별한 이상 소견은 없었습니다. 의사들은 그저 스트레스성인 것 같다고만 이야기해 답답했지요.

얼마 전에는 속에 무언가 걸린 듯한 느낌이 들고 심장이 두근거리는 증상도 나타났습니다. 분명 몸 어딘가에 문제가 있다고 확신한 나영 씨는 대학 병원에서 다시 건강 검진을 받았습니다. 그런데 이번에도 마찬가지였습니다. 의사는 정신건강의학과 방문을 권유했지만 나영 씨는 스스로 전혀 우울하다고 생각하지 않았습니다.

신체화란 심리적, 정신적인 문제가 신체적인 증상으로 표출되는 현상을 말합니다. 실제로는 몸에 이상이 없지만 분명한 증상이 드러나는 것이지요. 이 증상은 꾸며 낸 것이나 꾀병이 아닙니다. 나영 씨처럼 신체화를 겪는 사람은 정말 신체적 고통을 느끼기 때문이지요. 우리 몸과 마음은 하나로 연결되어 있습니다. 그렇기에 마음이 아프면 몸으로 증세가 드러나고 몸이 아프면 마음이 함께 아플 수 있습니다. 감기 몸살을 앓을 때 기분이 좋지 않은 것처럼 마음이 아플 때 몸의 컨디션이 좋을 리 없다는 말이지요. 신체화란 마음의 아픔이 몸으로 드러나는 것입니다.

신체화는 특히 자신의 마음을 잘 돌보지 못하는 사람에게 나타날 가능성이 큽니다. '내 마음이 우울하구나, 화가 났구나, 슬프구나'를 잘 인식하고 돌볼 줄 아는 사람의 마음은 신체화까지 뻗어 나가지 않습니다. 오히려 마음이 정말 힘든 상황인데 스스로 이를 잘 모를 경우에 신체화를 경험하지요. 밖으로 드러나지 않도록 억압당한 감정과 생각은 신체 증상으로 드러납니다. 이때 억압이란 방어 기제의 일종으로, 고통스러운 경험이 의식화되지 못하도록 무의식에 억누르는 것을 말합니다. 즉 감정을 의식하지 못한 채 억누른다는 뜻이지요.

억압은 미성숙한 방어 기제입니다. 또 심리적 이유로 정신 증상이나 신체 증상을 보이는 신경증적 증상인 노이로제를 유발합니다. 의식하지 못한 채 감정을 계속 억누르다 보니 처리되지 못한 감정이 쌓여 결국 신체화 증상으로 나타나는 것이지요. 주로 중년 여성이나 노인이 신체화를 많이 경험합니다. 이들의 신체화는 보통 우울이나 분노가 억압되어 나타나는데 다른 말로는 화병이라고 부르지요. 감정을 억압하는 사람들은 대부분 신체 증상에 과도하게 민감해지고 몰두하는 경향을 보입니다.

나영 씨에게는 오랜 시간 쌓인 우울과 화로 인해 신체 증상이 나타났습니다. 회사에서 겪은 불합리한 일도 혼자 참고 감당해 왔던 나영 씨는 상담을 통해 스스로 억압했던 분노와 무기력감이 상당하다는 것을 깨달았습니다. 이후 해소하지 못했던 우울을 하나씩 들여다보자 신체 증상들이 점차 옅어졌습니다. 혹시 여러분도 마음의 문제 때문에 몸에 병이 나타나지는 않았나요? 그렇다면 나영 씨처럼 나의 마음을 들여다보고 쌓인 우울을 해결해 봅시다. 몸과 마음 모두 건강해지도록 말이지요.

○●○○○○

나를 비난하고
내 선택을
의심해요

자기 비난과
과도한 죄책감

● 예리 씨는 어릴 적부터 자기 자신이 싫었습니다. 스스로를 그
다지 예쁘지도 똑똑하지도 않은 어중간한 사람이라고 느꼈기
때문입니다. 예리 씨는 아주 어릴 때부터 어머니의 비난과 통
제를 받는 대상이었습니다. 어머니는 예리 씨의 성적도, 통통
한 외모도, 친구와의 관계도 어느 것 하나 빼놓지 않고 지적
했습니다. 시험에서 실수를 하고 돌아오는 날이면 속상해할
겨를도 없이 어머니의 눈치부터 봐야 했습니다. 입시 중에 살
이 많이 쪘을 때는 심한 말을 듣기도 했습니다.

예리 씨는 최근 부모님에게 남자 친구가 생겼다는 사실을 알리고 난 뒤 상담실을 찾아왔습니다. 어머니는 예리 씨의 이야기를 자세히 듣기도 전에 강하게 반대했습니다. 용기 내어 말을 꺼낸 예리 씨는 더 이상 말할 수가 없었습니다. 과거에도 우울감을 경험한 적이 있지만 이번에는 더욱 깊은 우울감을 느꼈습니다. 자기 자신을 쓸모없고 가치 없는 사람이라고도 생각했습니다.

예리 씨는 이야기를 나누는 내내 스스로에게서 문제의 원인을 찾았습니다. 준비되지 않은 상태에서 부모님에게 이야기한 자신이 문제라고 말했습니다. 자신에게는 아무런 매력이 없어 남자 친구가 자기를 만날 이유가 없다고도 했습니다. 남자 친구에게 피해를 주었다며 과도한 죄책감을 느끼기 시작했고 더욱 스스로를 탓했습니다. 비난에 익숙해져 이제 누가 시키지 않아도 자신을 비난하고 있었습니다.

우울에 빠지면 스스로를 끊임없이 비난합니다. 나에게서 문제점을 찾고 나를 가치 없고 쓸모없는 사람이라고 생각합니다. 평소 자신에 대해 긍정적이던 사람도 우울에 빠지면 예외 없이 무가치감을 느낍니다. 무가치감이 바로 우울의 증상이기 때문이지요. 더욱이 예리 씨처럼 누군가에게 비난받는 대상으로 오래 지낸 사람은 더욱 쉽게 우울에 빠집니다. 평소 큰 스트레스가 없을 때는 비교적 잘 지내는 것 같다가도, 감당하기 어려운 상황이 찾아오면 누구보다 앞장서서 자신을 비난하며 우울감에 빠지기 시작하지요.

우울은 우리에게 스며들듯 찾아오기 때문에 자신이 어떤 상태인지 정확하게 알기가 어렵습니다. 만약 요즘 들어 계속 자신의 문제점을 찾아내거나 스스로를 비난한다면 우울이 찾아왔을 가능성이 있습니다. 또 많은 일에 과도한 죄책감을 느껴 괴로워하는 것도 우울의 주된 증상입니다. 혹시 내가 이런 모습이 아닌지 자신의 마음을 잘 점검해 보기 바랍니다.

집중력과 의사 결정력 저하

● 동진 씨는 요즘 들어 이상하게 일에 집중이 되지 않습니다. 업무적으로 큰 변화도 없고 스트레스가 심하지도 않은데 말이지요. 더 큰 문제는 회의 때 나눈 이야기들이 명확하게 기억나지 않는다는 것입니다. 분명히 들었던 내용인데 세부적이고 중요한 일들이 잘 떠오르지 않습니다. 동진 씨는 점점 회사에서 업무에 대한 자신감이 떨어지고 결정을 내리기가 어려워졌습니다. 사소한 결정도 자꾸 번복했고, 자신의 판단이 틀릴 수 있다는 생각에 자주 동료들의 의견을 물었습니다.

사고력, 주의 집중력, 기억력, 의사 결정력 저하 같은 인지적인 증상은 우울을 경험하는 사람들에게서 매우 흔하게 나타납니다. 그중 동진 씨는 집중력 저하, 기억력 장애, 의사 결정의 문제, 우유부단함을 보입니다. 우울을 경험하면 특정한 자극에 주의를 기울이고 유지하는 집중력이 감소합니다. 멀티태스킹이 잘 되지 않고 특히 복잡한 업무 상황에서 효율성이 떨어지지요. 때로는 머리에 안개가 낀 것처럼 멍한 느낌이 지속되는데, 이를 '브레인 포그brain fog'라고 부릅니다. 이 증상이 있을 때면 평소에는 1~2시간 안에 끝냈을 일을 하루 종일 붙잡게 됩니다.

우울을 겪으며 기억력이 떨어졌다는 사람들도 흔히 찾아볼 수 있습니다. 우울이 기억력과 관련한 뇌의 영역에 손상을 주는 경우가 있기 때문입니다. 인지 장애를 경험하는 우울증 환자의 뇌 일부가 위축되어 있다는 연구 결과도 있습니다. 기억력 장애를 경험하는 사람들은 자신이 말하고자 하는 특정 단어를 떠올리지 못할 때가 많습니다. 평소와 달리 건망증이 심해지기도 하고, 얼마 전에 본 영화나 사람들과 나눈 대화의 구체적인 사항을 떠올리기 어려워합니다. 이러한 기억력 장애는 특히 노인의 우울에서 흔하게 관찰됩니다.

동진 씨에게는 의사 결정의 문제도 보입니다. 우울을 경험하는 사람들은 크고 작게 무엇인가를 결정해야 하는 상황에서 어려움을 겪습니다. 무엇이 좋은 결정인지 판단하는 데 어려움이 있을 뿐 아니라 결정을 내리고 나서도 계속 옳은 결정인지를 고민하다 우유부단해집니다. 불안 수준이 높아져 잘못된 선택이었을까 봐 전전긍긍하는 경우가 많고, 결정한 사항을 후회하는 경우도 허다합니다. 때로는 자신이 그런 결정을 내릴 만한 자격이나 능력이 있는 사람인지 의심합니다. 증상이 심해지면 중요한 판단과 결정을 내려야 하는 상황을 부담스럽게 느끼고 점점 피하겠지요.

만약 여러분에게 이런 인지적인 문제가 나타난다면 나의 마음을 돌아봅시다. 내 마음을 알아차리면 그것만으로도 원래 나의 모습을 회복하기 위한 준비를 마친 것입니다.

후회를
거듭하고
부정적인 것만 보여요

후회를 부르는
반추

● 은우 씨는 3년째 스타트업을 운영하고 있습니다. 부모님은 오래전부터 은우 씨에게 안정적인 직업을 가지라고 말했습니다. 은우 씨가 사회학과를 전공할 때도 전문직이나 공무원이 되어야 한다고 했지요. 대학교를 졸업하고 첫 직장에 취업을 했을 때도 부모님은 탐탁지 않아 했습니다. 그럼에도 은우 씨는 성실함과 획기적인 아이디어로 회사에서 능력을 인정받았고, 이를 계기로 누군가의 일이 아닌 자신의 일을 해야겠다는 결심을 했습니다. 그래서 창업을 했지요.

문제는 사업이 잘 풀리지 않으면서 시작되었습니다. 회사는 시간이 지나면서 처음보다 성장했지만 부모님을 만족시킬 만큼의 성공을 거두었다고 말하기는 어려웠습니다. 그러자 은우 씨는 소신과 자신감을 가지고 시작한 일이었음에도 자신의 선택을 후회하기 시작했습니다. '그때 부모님 말을 들을걸…' 하며 자신이 선택을 잘못했다는 생각에 빠졌습니다.

후회는 사업을 시작한 것뿐 아니라 과거부터 지금까지 선택이 필요했던 일상의 모든 영역으로 확대되었습니다. 로스쿨에 가지 않은 것이, 공무원 시험을 준비하지 않은 것이 후회되었습니다. 또 첫 직장에서 능력을 인정받았던 사실이 자신을 불안정한 길로 오게 만든 원인이라는 생각이 들었습니다. 이뿐만이 아닙니다. 어제 친구와 나눈 대화를 계속 떠올리며 '그 말을 하지 말았어야 했는데…' 하고 말실수한 자신을 탓했습니다. 스스로 선택하고 행동한 모든 일이 온통 후회되고 부정적으로 느껴졌습니다. 아주 오래전 일들까지 말입니다.

반추는 어떤 일을 되풀이하여 음미하거나 생각하는 것입니다. 심리학적으로 표현하면 '내면의 부정적인 정서에 반복적으로 주의를 집중하는 심리적 행동'입니다. 은우 씨처럼 '그때 그래야 했는데…'라고 곱씹으며 반복적으로 후회하고 부정적인 정서에 주의를 집중하는 것입니다. 쉽게 말하면 이미 지나간 과거에 잘못했던 일, 아쉬웠던 일, 후회되는 일 등 부정적인 사건에 대한 생각을 계속 떠올리는 것을 반추라고 하는데, 반추를 거듭하는 사람들은 결국 자신을 탓하고 비난하는 악순환에 빠집니다.

우울증과 반추, 정서 조절을 연구한 미국의 임상심리학자 수잔 놀렌 혹스마는 반추가 우울과 불안 같은 심리적 부적응을 유발한다고 말했습니다. 사람들이 우울한 기분에 반응하는 일관적인 모습이 있는데, 우울에 지속적인 주의를 기울일수록 이러한 양상이 굳어지고 우울이 심화되어 주요 우울 장애로 나아간다고 합니다. 즉 반추가 우울의 증상이자 우울을 더욱 악화하는 요인이라는 말이지요.

반추는 침습적 반추intrusive rumination와 의도적 반추deliberate rumination로 나뉩니다. 침습적 반추는 원하지 않아도 자동적으로 생각이 떠오르는 것이고, 의도적 반추는 의도적으로 노력하여 그 생각을 떠올리는 것입니다. 우울을 경험하면 원하지 않는 부정적인 생각이 머릿속에 자꾸만 침투합니다. 이는 침습적 반추로써 부적응적인 양식입니다. 반면 의도적 반추는 의도적으로 지나간 일들을 인지적, 정서적으로 숙고하는 방법입니다. 이는 상황에 맞는 적응적인 양식이자 더 나아가 개인의 성장을 이룹니다. 심리 상담에서 지나간 과거를 의도적으로 떠올리고 이해하려고 노력하는 과정은 의도적 반추라고 볼 수 있지요.

반추는 과거와 관련이 있습니다. 지나간 과거에 마음이 머무를 때 반추를 하기 때문입니다. 달리 말하면 마음이 과거에 집착하는 모습을 반추라고 볼 수 있습니다. 몸은 현재에 존재하지만 마음이 돌이킬 수 없는 과거에 머물러 있다면 현재에 살고 있다고 말할 수 없습니다. 나도 모르게 과거에 머무르며 후회되는 일들을 반추한다면 우울을 경험하고 있을 가능성이 큽니다.

부정 편향과 터널 시야

● 민기 씨는 최근 코인 투자에 실패하면서 큰 손실을 입었습니다. 시작은 주변에서 너도나도 투자하니 나도 당장 해야겠다는 생각 때문이었습니다. 이내 월급만으로는 큰 수익을 낼 수 없다고 판단한 민기 씨는 분위기에 휩쓸려 아내 몰래 대출을 받았습니다. 그런데 손실이 감당하기 어려운 수준이 되자 급격히 우울에 빠졌습니다. 분명 가족 관계나 직장에서의 성취, 가계 재정도 안정적인 상황이었지만 우울이 찾아오니 모든 것이 문제로 느껴졌습니다. 아내와 다툰 사소한 일이, 회사에서 받은 부정적인 피드백이 머릿속을 떠나지 않았습니다.

민기 씨는 자신의 인생은 모든 부분에서 돌이킬 수 없을 정도로 망했고 해결할 수 없을 것이라고 믿었습니다. 눈앞이 캄캄해 어찌할 바를 몰라 때로는 '죽는 것 외에는 이 일을 해결할 방법이 없어'라고 생각했습니다.

부정 편향이란 어떤 사건이나 상황, 인간관계, 의도들을 부정적으로 해석하려는 경향을 말합니다. 즉 내가 경험하는 많은 일 중 부정적인 정보와 경험에만 집중하는 것입니다. 우울의 증상인 부정 편향은 나와 타인, 세상이나 불확실한 것들에 대해 부정적으로 편향된 인식을 가지도록 만듭니다. 우리 머릿속에 넓은 밭이 있다고 상상해 봅시다. 밭에는 싱싱한 당근도 썩은 당근도 군데군데 심겨 있습니다. 그런데 우울해지면 썩은 당근만 눈에 띕니다. 싱싱한 당근은 보이지 않는 것이지요. 이처럼 밭의 모든 당근이 썩었다고 왜곡해 생각하는 것을 부정 편향이라고 합니다.

인간은 성공보다는 실패를 더 기억하고, 긍정적인 경험보다는 부정적인 경험에 더 주의를 기울이도록 진화했습니다. 부정 편향 덕분에 인류가 현재의 발전을 이루었지요. 하지만 이러한 진화의 과정을 거쳤더라도 마음이 건강할 때는 내가 잘한 일이나 만족하는 경험, 긍정적인 감정을 충분히 인식할 수 있습니다. 즉 썩은 당근이 눈에 더 잘 보이기는 하지만 싱싱한 당근이 어디에 있는지를 알고 때에 맞게 뽑아 먹을 수 있다는 말이지요.

반면에 우울에 빠지면 부정 편향이 더욱 심해집니다. 우리 뇌가 상황을 실제보다 더욱 나쁘게 인식하는 것입니다. 따라서 우울한 상태에서는 긍정적인 사건이나 감정을 떠올리지 못하고 결국 밭의 모든 당근이 썩었다고 인식합니다. 가령 '나에게는 나쁜 일만 일어나', '사람들은 모두 믿을 수 없어', '나는 아무 짝에도 쓸모가 없어' 같은 생각을 하며 일부가 아닌 전체를 부정적으로 해석하는 것이지요.

비슷한 개념으로 터널 시야가 있습니다. 우울하면 시야가 좁아집니다. 터널 시야란 마치 터널 안에서 밖을 보는 것같이 시야가 좁아진 상태입니다. 터널 시야에 빠지면 평소라면 A라는 문제가 발생했을 때 A1, A2, A3, A4, A5 등 다양한 해결 방법을 생각할 수 있는 사람도 우울해지면 도무지 어떻게 대처해야 할지 몰라 막막해합니다. 마치 캄캄한 터널 속에 갇혀 저 앞, 아득히 멀리 있는 탈출구 하나 외에 다른 길을 볼 수 없는 것이지요.

이 두 가지는 우울의 증상인 자살을 불러오는 원인입니다. 우울하면 모든 자극과 정황을 부정적으로 편향해 생각하고, 시야가 좁아져 죽는 것 외에는 별다른 방법이 없다고 느끼기 때문입니다. 민기 씨는 코인 투자 실패로 급격한 우울감을 경험하면서 부정 편향과 터널 시야를 경험하고 있었습니다. 분명 민기 씨는 아내와 이야기를 나누며 문제를 해결할 방법을 모색하거나 누군가에게 도움을 청할 수도 있었고, 빚을 갚아나갈 능력도 충분히 갖추고 있었습니다. 그럼에도 부정 편향은 아내와의 관계, 자신의 능력 등 모든 영역에서 부정적인 부분만 생각나고 눈에 띄도록 만들었습니다. 터널 시야를 겪으며 문제를 해결할 방법은 지금의 상황에서 도망치는 것밖에 없다고 믿고 있었지요.

만약 평소와 달리 부정적인 생각들이 덮쳐 오고, 문제를 해결할 방법들을 쉽게 떠올리기 어렵다면 여러분도 우울을 겪는 중일 수 있습니다. 지금 잠시 멈추어 여러분의 마음을 따스하게 살펴봅시다. 나는 지금 우울을 느끼고 있지 않나요?

●●○○○

자꾸만
죽고
싫어요

● 유학생인 영은 씨는 가족과 떨어져 혼자 타지에서 산 지 6년
이 되었습니다. 아는 사람 하나 없는 동네에서 기본적인 영어
공부부터 대학 입시까지 홀로 해내며 무척 열심히 살아왔지
요. 영은 씨는 한인이 많이 사는 도시에 살았지만 뒷말 많은
한인 사회가 싫어 차라리 홀로 지내는 편을 택했습니다.

그런데 졸업을 앞두고 미국에서 취업을 할 수 있을지 걱정되
기 시작했습니다. 대학 성적이 그리 좋지 않았고 주변에 도움
을 청할 사람이 없었기 때문입니다. 성적에 압박을 느낀 영은
씨는 공부를 할 때마다 머리카락을 뽑고 피부를 볼펜으로 찔
렀습니다. 차에 치여 사라지고 싶다는 생각도 떠올랐습니다.

우리나라의 자살률은 OECD 국가 중 가장 높습니다. 통계청이 발표한 2020년 사망 통계에 따르면 1일 평균 자살 사망자 수는 약 36명이고, 2020년 기준 10대, 20대, 30대 사망 원인 1위는 모두 자살입니다. 최근에는 코로나19로 우울증을 겪는 사람이 더욱 많아졌습니다. 보건 복지부가 발표한 2020년 자살 사고 비율을 살펴보면 30대가 18.3%로 가장 높고 20대가 17.3%로 뒤를 이었습니다. 자해나 자살 시도를 했다고 모두 우울증으로 진단하지는 않지만, 우울증을 경험하는 사람 중 자해나 자살 사고를 경험하는 경우는 꽤 많습니다. 자살로 사망한 사람의 85% 이상이 정신과적 질환을 앓고 있다는 연구 결과도 있습니다.

자해와 자살 사고는 우울의 증상입니다. 이 두 가지는 우울의 여러 모습 중에서도 가장 즉각적으로, 가장 심각하게 우리에게 해를 끼칠 수 있는 증상입니다. 그렇기 때문에 상담소를 방문하는 사람들에게 반드시 확인해야 하는 점이 있다면 바로 '자해나 자살 사고를 경험하고 있는지, 과거에도 경험한 적이 있는지, 앞으로 자살을 시도할 계획을 가지고 있는지'일 것입니다.

자해는 죽음을 초래할 의도 없이 고의적으로 자신의 신체에 손상을 가하는 행위입니다. 예로는 신체 일부를 때리거나 칼로 긋기, 상처 난 곳을 방치하기, 머리카락 뽑기 등이 있습니다. 자해 행동을 하는 이유는 일시적으로 긴장이 완화되고 안도감을 느낄 수 있기 때문입니다. 혹은 공허감이 느껴질 때 살아 있다는 느낌을 받고 싶어서, 부담스러운 상황을 회피하기 위해 자해를 하는 경우도 있습니다. 영은 씨는 공부할 때 머리카락을 뽑고 볼펜으로 피부를 찌르는 자해를 했지요.

다음으로 자살 사고란 자살을 심사숙고하거나 자신을 죽음으로 이끄는 사고 유형입니다. '어디론가 사라지고 싶다', '사고가 나거나 차에 치여서 죽고 싶다'라는 수동적인 생각부터 '죽고 싶다', '이런 방식으로 죽어야겠다' 같은 적극적인 생각까지 다양합니다. 또 자살 계획이란 반복되는 자살 사고로 인해 죽음에 이르는 특정 방법이나 계획을 세우는 것을 말합니다. 당장이 아니더라도 언젠가 실시할 자살의 방법이나 도구, 장소, 시간을 계획했다면 전문가의 도움이 필요한 상태입니다. 우울이 증폭되면 언제라도 극단적인 선택을 할 수 있기 때문입니다. 마지막으로 자살 시도란 자신의 죽음을 초래할 의도로 자신의 생명을 끊는 행위입니다. 결과와 상관없이 일부만 실행에 옮겼더라도 모두 자살 시도로 간주합니다.

자해와 자살은 자기 파괴적인 행동이라는 점에서 비슷한 우울의 증상입니다. 만약 반복적으로 죽음에 대해 떠올린다면 깊은 우울에 빠져 있을 가능성이 높습니다. 여러분의 마음은 지금 어떠한가요? 나의 마음이 위험에 빠져 있지는 않은가요?

4장

지금
우울을
가라앉히고
싶다면

효과적인
다섯 가지 마음 단련법

바로
해 볼 수 있는
우울 회복법

요즘에는 과거에 비해 정신 건강과 관련한 편견이 정말 많이 줄어든 것 같습니다. 예전에는 정신과에서 심리 상담을 받는 사람들을 미쳤다고 생각하거나 큰 문제가 있다고 생각하는 경우가 많았지요. 그런데 지금은 단지 정리 정돈을 잘 하지 못한다는 호소 문제로 대학 병원을 찾거나 평소 건강한 멘탈 관리를 위해 상담소를 찾습니다.

하지만 여전히 대부분의 사람이 마음속 어려움이 생길 때는 상담소를 찾지 않습니다. 각자의 자리에서 최선을 다해 자신의 어려움을 해결하려 노력하고 때로는 책을 읽고 도움을 얻으려 하지요. 그래서 저는 상담소까지 찾아오지 않는 사람들이 스스로 회복할 수 있는 방법들을 이야기할 것입니다. 이제 우울에 효과적이라고 알려진 방법들을 소개하겠습니다. 이는 실제 우울로 힘들어하는 내담자들과 상담실에서 나누었던 대처 방법들입니다. 여러분이 우울을 호소하며 상담소에 찾아왔다고 가정하고 생생하게 이야기를 풀어 보겠습니다.

우울은 바꿀 수 없는 과거에 마음이 지나치게 머물러 이를 반추하는 모양이었습니다. 우울에서 빠져 나오려면 마음이 현재에 머무르도록 만들어야 합니다. 가장 먼저 소개할 행동 활성화는 몸을 움직이고 에너지 수준을 끌어올려 무기력에서 벗어나도록 도와주는 방법입니다. 내가 지금 이 순간에 살고 있다는 사실을 알려 주지요. 다음으로는 우울을 부르는 가장 큰 원인인 상실을 다루는 법을 안내하겠습니다. 이어서 완벽해야 한다는 신념에서 벗어나 자책을 줄이는 방법과 마지막으로는 관계 속에서 치유하며 죽음에 대한 생각을 내려놓는 방법을 알려드리겠습니다.

사실 이 방법들은 우울뿐 아니라 불안을 경험하는 사람에게도 도움이 됩니다. 중요한 것은 자신의 상태와 상황에 맞추어 방법들을 모두 적용하는 것입니다. 그럼 이제 구체적으로 하나씩 살펴볼까요?

●●◐○○

무기력을
줄이는
행동 활성화

활동량을 늘리는 방법 중에서도 특히 효과가 좋다고 알려진 방법은 바로 행동 활성화입니다. 행동 활성화는 인지 행동 치료의 아버지로 불리는 아론 벡과 동료 연구자들이 개발한 우울증 치료법입니다. 체계화된 우울증 단기 치료법으로, 실생활에서 보상 경험이 증가하도록 행동을 활성화하는 것을 목표로 하지요. 행동 활성화 치료의 전제는 '우울에 취약한 사람들은 삶에서 스트레스 사건을 겪으면 긍정적인 보상을 경험할 수 있는 능력이 떨어지고, 이로써 우울증에 이른다'입니다. 삶에서 느끼는 즐거움과 성취감은 힘든 상황을 이기는 원동력입니다. 즉 행동 활성화란 즐거움과 성취감을 줄 수 있는 활동을 계획하고, 보상을 기반으로 그 행동을 강화하는 기법이지요.

행동 활성화 과정은 감정이 아니라 계획에 따라 행동(활동)을 구조화하는 3단계로 구성됩니다. 즐거움을 경험할 수 있는 활동과 성취 경험을 증가시키는 1단계, 우울과 무기력을 유발하는 활동을 감소시키는 2단계, 활동에 보상을 주어 동기를 강화함으로써 자신의 삶에 조금 더 적극적으로 참여하도록 돕는 3단계의 순서로 진행되지요.

행동 활성화 3단계에서는
무엇을 해야 할까요?

이 기법에 따라 가장 먼저 해야 할 일은 '내가 즐거움을 경험할 수 있는 활동과 성취 경험이 무엇인지 찾아내기'입니다. 가벼운 우울감을 경험하고 있는 사람이라면 내가 어디서 즐거움을 얻는지 비교적 잘 찾아낼 것입니다. 구체적일수록 좋습니다. '나는 에그 타르트를 먹으면 기분이 좋아져', '마음이 울적할 때 멀리 여행을 다녀오면 즐거워지는 것 같아', '조용한 카페에 앉아 책을 읽으면 마음이 편안해지지' 하고 말입니다.

그런데 오랫동안 우울에 잠식된 사람은 즐거움을 느끼는 활동을 찾아내기 어려울 수도 있습니다. 이럴 때는 과거에 좋아했던 일들을 떠올려 보면 좋습니다. '친구를 만나서 이야기를 털어놓았을 때 불안했던 마음이 줄어들었어', '영화관에 가서 영화를 보면 기분이 좋았던 것 같은데…', '초록빛 식물들 사이에 있으면 마음이 편해졌던 것 같아' 하고 말입니다.

성취감을 경험할 수 있는 활동을 찾아봐도 좋습니다. 책 한 페이지 읽기, 퇴근 후 집에 들어가기 전 주변을 한 바퀴 걷기, 방에 청소기 돌리기같이 사소한 활동이면 충분합니다. 이렇게 즐거움과 성취 경험을 겪을 수 있는 활동 목록을 작성하고 그 활동을 하루에 하나씩만 해 보세요. 사소한 즐거움과 성취의 경험이 쌓여 마음의 회복을 도와줄 것입니다.

두 번째로 할 일은 '우울과 무기력을 유발하는 활동 줄이기' 입니다. 내게 즐거움을 주는 활동이 무엇인지 생각해 본 사람은 많지 않을 것입니다. 어떤 활동이 우울과 무기력을 유발하는지 관심을 기울인 적은 더 없겠지요. 누군가는 SNS를 들여다보며 자신과 타인을 비교할 때 우울감이 심해집니다. 또 누군가는 밤이고 낮이고 누워만 있을 때 심한 무기력을 느낍니다. 자극적인 음식을 불규칙적으로 폭식하면서 우울을 경험하는 사람도 있지요.

여기서 SNS 들여다보기, 누워만 있기, 자극적인 음식 폭식하기는 우울과 무기력을 유발하는 활동입니다. 이럴 때는 SNS 하는 시간을 줄이기, 일어나는 시간을 정해 두고 지키기, 정해진 시간에 건강한 식사하기 등의 활동을 하면 좋습니다. 만약 회사와 관련한 생각이 우울과 무기력을 유발한다면 회사 메신저나 대화방 나가기, 팝업 알림 차단하기 등을 하면 좋겠지요.

세 번째로 해야 할 일은 '자신의 행동에 보상 주기'이며 가장 중요한 단계입니다. 자신의 행동에 당근을 주어 동기를 강화하는 것이지요. "칭찬은 고래도 춤추게 한다"라는 말이 있듯 인간은 하루라도 칭찬 없이 살아가기 힘든 존재입니다. 특히나 우울한 상태에서는 어떤 행동을 해도 큰 흥미와 보람을 느끼기 어렵기 때문에 즐거움과 성취감을 지속해서 느낄 수 있도록 스스로에게 보상을 주는 과정이 필요합니다. 보상은 내가 좋아하는 어떤 것도 될 수 있습니다. 스스로에게 건네는 칭찬의 한마디나 나에게 선물하는 케이크 한 조각, 평소 가지고 싶었던 물건을 사거나 보고 싶었던 전시를 보러 가는 것도 모두 가능합니다. 보상이라고 할 만한 것들을 적고 작은 성취를 이룰 때마다 나에게 목록에 적힌 당근을 주면 됩니다.

행동 활성화
적용하기

저는 스트레스 상황에서 자신감이 떨어지면 타인의 눈치를 많이 보고 스스로를 까다로운 시선으로 바라봅니다. 아무것도 하고 싶지 않을 때도, 실제로 아무것도 못할 때도 있지요. 평소보다 무기력해지고 저를 쉽게 비난하거나 질책합니다. 이럴 때면 저는 '지금 나에게 칭찬이 필요하구나!'를 깨닫고 스스로 행동 활성화 기법을 적용합니다. 아침에 일어나서 오늘 하루 즐거움과 성취를 경험할 수 있는 작은 일 세 개를 목표로 설정합니다. 거창한 목표가 아니어도 됩니다.

오늘 목표는 '책 원고를 반 페이지 쓰기', '카페에서 따뜻한 카푸치노 마시기', '아무것도 신경 쓰지 않고 넷플릭스 영화 2시간 보기'입니다. 저를 무기력하게 만드는 '집 안에만 있기'를 하지 않으려고 어떻게든 집 밖으로 나옵니다. 집 밖에 나오면 갈 곳이 필요하기 때문에 적당한 카페를 찾아 들어갑니다. 카페에 앉아 들고 나온 노트북을 펼치고 원고를 쓰며 카푸치노를 마십니다. 벌써 반 페이지 넘게 썼으니 오늘의 목표 중 두 개나 성취했지요. 집에 가면 새로운 목표가 기다리고 있습니다. 바로 넷플릭스 영화 2시간 시청하기입니다. 이 활동을 실패할 가능성은 거의 없겠지요. 목표를 모두 이루면 봄맞이 식물을 구매해 제게 보상을 줄 예정입니다. 생각만 해도 기분이 좋습니다.

이렇듯 행동 활성화는 스스로 동기를 강화해 내가 내 삶에 적극적으로 참여하도록 돕습니다. 우울하고 무기력한 상태에서 몸을 움직이고 마음이 굴러가게 만드는 아주 좋은 방법이지요.

좌절감과
낙담에서 벗어나는
한계 인정하기

"나의 한계를 인정한다."

이 말이 어떻게 느껴지나요? '나는 여기까지구나'라는 생각과 함께 좌절감이 몰려오나요? 혹은 '내가 여기까지라고? 나는 한계가 없는데!'라는 생각과 동시에 저항감이 밀려오나요? 이번에는 나의 한계를 인정한다는 것이 어떤 의미인지 이야기해 보겠습니다.

자신의 한계를 받아들이기 어려워하는 사람들은 완벽주의 성향을 지녔을 수 있습니다. 이들은 나에게 한계가 없다고 생각하고 자신이 끝없이 높은 위치에 올라가기 바라는 마음을 품고 있지요. 완벽주의를 가진 사람들은 우울감을 경험할 가능성이 높습니다. 우울감은 현재의 상황에 스스로 만족하지 못할 때 쉽게 찾아오기 때문입니다. 내가 나에게 기대하는 지나치게 높은 기준에 미치지 못하는 현재의 내 모습을 비난할 때 말입니다. 스티브 잡스처럼 성공하고 싶고, 일론 머스크처럼 부자가 되고 싶고, 마더 테레사처럼 선하고 좋은 사람이 되고 싶고, 아이유처럼 뛰어난 음악성을 가지고 싶고, 인기도 많아지고 싶은데 이에 비하면 지금 내 모습은 아무것도 아닌 것처럼 느껴지기 때문입니다.

낮은 목표에서
천천히 높여 가세요

좌절감은 내가 달성하고 싶은 목표를 이룰 수 없게 만듭니다. 나에게 능력이 없기 때문이 아닙니다. 좌절과 무력감이 그렇게 만드는 것이지요. 자신을 비난하며 우울을 겪는 사람들에게 효과적인 방법은 바로 '나의 한계 인정하기'입니다.

완벽주의자들에게 63빌딩을 계단으로만 끝까지 올라야 한다는 과제가 주어졌다고 생각해 봅시다. 대부분 1층에 서서 빌딩의 꼭대기를 바라보며 '내가 63층까지 걸어 올라갈 수 있을까?', '올라가는 데 얼마나 걸릴까?', '올라가다가 더 못 올라가겠으면 어떻게 하지?', '성공하지 못하고 중간에 내려오면 어떻게 될까?' 등 많은 생각을 할 것입니다. 닿을 수 없을 듯한 정상을 바라보며 숨이 턱 막히기도 하겠지요. 이 경우 어떻게 해야 꼭대기 층에 올라갈 수 있을까요? 많은 해결책이 있겠지만 나의 한계를 인정하는 것도 하나의 방법입니다.

'한계를 인정하라'가 63빌딩에 걸어 올라가기를 포기하라는 뜻일까요? 그렇지 않습니다. 처음부터 63층을 걸어 올라가야 한다고 생각하면 당연히 숨이 막히고 좌절감이 듭니다. 63층이나 되는 높은 곳을 걸어서 올라간 적이 한 번도 없을 테니까요. 즉 처음부터 높은 목표를 세우면 시작조차 하기 힘들다는 뜻입니다. 실패할 것이라는 생각이 들면 첫걸음을 떼기가 어려우니까요. 여기서 완벽주의자들은 성공하지 못할 것 같으면 시작조차 하지 않는 완벽주의의 특징을 보입니다.

그런데 한계를 인정하면 달라집니다. 지금 나의 한계를 인정하면 내가 할 수 있는 것들에 집중할 수 있습니다. 예를 들어 '나는 10층까지는 올라가 본 적이 있어. 그렇다면 20층 정도는 도전해 볼 수 있겠지. 한 번에 63층까지 올라가지는 못한다고 해도 말이야'라고 생각한다면 나의 한계를 받아들인 것입니다. 지금 내가 할 수 있는 한계치를 고려한 것이지요. 이제 한계치에 맞추어 지금 내가 할 수 있는 일부터 차근차근 하면 됩니다.

그렇게 20층까지 올라가 잠시 숨을 고르다 보면 10층 정도는 더 올라갈 수 있겠다고 느낍니다. 처음부터 30층을 오르려 했다면 부담감으로 힘들었을 텐데 20층에서는 10층만 더 올라가면 되니 그리 높다는 생각이 들지 않는 것이지요. 이렇게 10층에서 20층으로, 20층에서 30층으로 점점 한계가 높아집니다. 이 과정을 반복하다 보면 어느새 50층에 높이 올라온 나를 발견할 수 있습니다. 정말 놀라운 일이지요.

50층에 도착했는데 다리가 후들거리고 도저히 더 오를 수 없을 것 같은 순간에는 어떻게 해야 할까요? 누군가는 두어 시간을 쉬고 또 누군가는 몇 날 며칠을 50층에 머무르기도 합니다. 그래도 괜찮습니다. 우리는 이미 50층에 도착해 있기 때문입니다. 앞으로 우리가 더 올라야 할 계단은 13층뿐입니다. 올라온 층수에 비하면 13층은 껌이지요. 우리는 가벼운 마음으로 63층 정상에 다다를 것입니다. 불가능해 보였던 목표를 이루면서 말입니다.

이렇듯 지금의 내가 가진 한계를 인정하면 현재 할 수 있는 일에 집중할 수 있고 나의 한계는 점점 높아집니다. '한계의 인정'은 불가능을 의미하지 않습니다. '한계를 인정한다'는 '지금의 한계를 받아들인다'는 뜻이고, 오히려 '미래의 한계를 점점 높여 간다'는 의미입니다. 지금 당장 성공하겠다고 스티브 잡스를 바라보면 낙담할 가능성이 매우 높습니다. 나는 어느 이름 모를 회사의 작은 사무실에 앉아 있으니까요. 순식간에 세계 최고의 부자가 된 일론 머스크의 기사를 보다가 내 통장을 바라봐도 우울해질 것입니다. 나는 이 좁은 땅에 내 집 하나 마련하기 어려운 재산을 가지고 있기 때문이지요.

자, 이제 좌절감과 우울한 마음이 나를 휘감을 때면 지금 내 모습을 정확히 바라봅시다. 지금 나의 한계를 받아들이고 인정해 봅시다. 지금 내가 할 수 있는 것보다 아주 조금만 더 높은 기준을 세워 봅시다. 20층에서 21층으로 올라가는 일은 그리 어렵지 않습니다. 충분히 이룰 수 있는 목표지요. 한층 한층 걸어 올라가다 보면 어느새 63층에 올라온 스스로를 발견할 것입니다. 한계를 인정하면 한계가 높아집니다.

상실의 고통을
흘려보내는
애도

우울과 불안은 상실과 밀접한 관계입니다. 상실이란 내게 중요한 인물이나 역할 등 대상이 아주 없어지거나 사라지는 것입니다. 우리는 사랑하는 사람이나 사회적 지위, 경제적 풍요 등 소중한 무언가를 잃으면 우울을 경험합니다. 미래에 소중한 무언가를 잃거나 가지지 못할 것으로 예상하면 불안해하지요. 하지만 삶이 상실의 연속이듯 상실은 끝없이 생겨납니다. 우리가 계속해서 우울과 불안을 경험할 수밖에 없다는 뜻입니다. 따라서 우리는 우울과 불안으로부터 나를 보호하고 지켜내기 위해 상실에 대처하는 방법을 잘 알아야 합니다.

상실 후에 찾아오는
애도의 과정

상실에 대처하는 방법은 애도입니다. 애도grief는 상실에 대한 자연스러운 슬픔입니다. 또 애도mourning란 의미 있는 대상을 잃은 후에 마음의 평정을 회복하는 정신 과정입니다. 중대한 상실이 불러온 스트레스에 개인이 적응하는 자기 회복의 과정이지요.

사람마다 다르지만 애도의 과정에서 공통적으로 나타나는 감정의 단계가 있습니다. 첫 번째는 충격과 부인 혹은 부정의 시기입니다. 상실에 충격을 받고 이 사실을 받아들이지 않는 단계지요. 두 번째는 지속적으로 상실에 대해 생각하는 시기입니다. 머릿속에 불쑥 상실한 대상이 떠오르고 나에게 왜 이런 일이 일어났는지를 깊이 고민하는 단계지요. 세 번째로 절망과 우울의 시기가 찾아옵니다. 상실을 받아들이며 자연스러운 애도 반응을 보이는 단계입니다. 슬픔, 절망, 우울, 분노, 불안, 죄책감 등 다양한 감정을 느끼지요. 마지막으로 회복의 시기가 찾아옵니다. 일상으로 복귀해 이전과 달라도 여전히 괜찮은 삶을 만드는 단계입니다.

비슷한 이론으로 죽음과 임종에 대해 연구한 심리학자 엘리자베스 퀴블러 로스의 '죽음과 애도에 관한 5단계 모델'이 있습니다. 죽음을 앞둔 당사자들의 애도 과정을 설명한 이론이지만 상실을 경험한 사람들의 애도 과정을 이해하는 데도 큰 도움이 됩니다. 이 이론에 따르면 상실을 경험한 사람들은 '부인 혹은 부정 → 분노 → 타협 혹은 협상 → 우울 → 수용'의 5단계를 거쳐 변화를 경험합니다.

부인 혹은 부정은 상실을 받아들이기를 거부하는 단계, 분노는 강렬한 좌절감과 분노를 표출하는 단계입니다. 타협 혹은 협상은 상실을 마주하며 문제의 해결책을 찾으려는 단계이고, 우울은 상실을 체감하며 슬픔, 우울을 경험하는 단계입니다. 때로는 두려움을 경험하는 시기이기도 합니다. 마지막으로 수용은 결국 상실을 인지하고 현재의 상황을 인식하고 받아들이는 단계입니다. 새로운 상황에 적응하며 회복에 접어드는 시기지요.

그런데 모든 애도가 이 같은 순서로 진행되지는 않습니다. 애도하는 사람들이 모든 단계를 똑같이 경험하지도 않습니다. 여러 단계가 함께 나타나기도 하고 누군가는 어떤 단계를 경험하지 않습니다. 애도는 개인적인 과정이기 때문입니다.

충분히 슬퍼하고 잘 보내 주어야 합니다

애도에서 특히 중요한 과정은 부정적 감정을 표현하고 해소하는 단계입니다. 애도를 거치며 느끼는 슬픔, 우울, 무기력, 불안, 죄책감, 수치심, 허탈함, 절망감, 고립감, 분노, 적개심 등 시시각각 변하는 수많은 감정을 충분히 느끼고 발산하고 해소하는 과정은 반드시 필요합니다. 상실을 겪은 누군가는 억울해하지 못하거나 화를 내지 못할 수도 있습니다. 또 누군가는 꺼이꺼이 울지 못하며 애도 자체를 피할 수도 있습니다. 하지만 오히려 나에게 왜 이런 일이 일어났는지 생각하며 충분히 분노하고 화를 낼수록 좋습니다. 떠나보낸 대상을 생각하며 충분히 슬퍼하고 우는 것도 좋습니다.

어떠한 감정이나 생각, 내 마음에 대해 누군가와 이야기 나누는 일도 중요합니다. 부정적인 감정은 내 안에 담아 두기만 할 때가 아니라 충분히 발산하고 표현할 때 해소되기 때문입니다. 이 과정이 없으면 혼자 깊은 애도에 빠져 떠난 이를 만성적으로 그리워하며 끝없는 자기 연민에 빠질 수도 있습니다. 애도의 끝에서는 반드시 상실한 대상을 잘 보내 주어야 합니다. '보내 주다'는 '잊어버리다'가 아닙니다. 오히려 '기억한다'는 뜻입니다. 상실을 받아들이고 나에게서 떠나보낼 때 비로소 그 대상과의 관계가 여전히 지속되고 건강하게 연결됩니다. 마침내 회복의 길에 들어서 현재를 충만히 살아갈 수 있지요. 이제는 닿을 수 없는 무언가를 떠올리며 잘 화내고, 잘 울고, 잘 두려워하고, 잘 그리워하고, 잘 보내 주는 일은 우리 모두에게 반드시 필요한 애도의 과정입니다.

다만 남은 슬픔은 잘 가져가야 합니다. 상실과 애도의 과정을 경험하는 것은 그 자체로 참 슬픈 일이기에, 애도의 단계를 모두 거쳤어도 지워지지 않는 슬픔이 남을 수밖에 없습니다. 외상 후 성장을 경험한 사람들은 하나같이 말합니다.

"슬픔은 계속 가져가야죠."

충분한 애도의 끝에 서서 현재를 살아가는 사람들이, 상실을 통해 도리어 성장을 경험한 사람들이 슬픔을 대하는 수용적인 태도를 보여 주는 말입니다. '슬픔을 계속 가져간다'는 말은 계속해서 기억한다는 뜻입니다. 고통스러운 상실을 경험한 나를 애도하며 함께 간다는 뜻이기도 합니다. 슬픔의 다른 말은 곧 아름다움입니다.

자책을
멈추는
신념 바꾸기

저는 종종 '남에게 피해를 주면 안 된다'는 신념을 가진 분들을 만납니다. 아마 이 책을 읽는 여러분 중에도 이러한 신념을 마음속에 품은 분이 많을 듯합니다. 예를 들면 내 말실수로 누군가가 피해를 보거나 어색한 상황이 만들어지면 자책하는 사람, 내가 누군가에게 민폐가 됐다며 스스로를 비난하는 사람, 내가 피해를 주지 않았을까 고민하며 과도하게 남의 눈치를 보는 사람, 아무도 "너 나한테 피해 줬어!"라고 하지 않았는데 스스로를 검열하고 채찍질하는 사람들은 자주 우울을 겪습니다. 더 나아가 자신이 가해자가 될 때 크게 괴로워하지요.

피해를 주면 안 된다는 신념은
왜 생겨날까요?

이러한 신념이 만들어지는 이유는 바로 인지도식schema 때문입니다. 인지도식이란 자신과 세상에 대한 생각의 틀이자 삶에 대한 기본 신념입니다. '이런 상황에서는 이렇게 생각하고 저렇게 느끼며 어떻게 행동해야 한다'는, 각 개인의 의식 혹은 무의식에 내재한 일종의 규칙이지요.

아론 벡은 우울한 사람들이 가진 세 가지 사고를 인지삼제cognitive triad라고 부르며 설명했습니다. 첫 번째 사고는 자신에 대한 부정적인 생각으로 '나는 능력 없는 사람이야', '나는 무가치한 사람이야'라는 믿음입니다. 두 번째 사고는 주변 환경과 세상에 대한 부정적인 생각으로 '이 세상은 위협적인 곳이야', '사람들은 믿을 수 없는 존재야'라는 믿음, 세 번째 사고는 미래에 대한 부정적인 생각으로 '나는 미래에 실패할 거야', '내 앞날은 희망이 없어', '아무것도 기대할 수 없어'라는 믿음입니다.

인지삼제는 과거의 경험으로부터 습관화되고 굳어져 일정한 패턴으로 나타납니다. 이렇게 굳어진 생각은 나와 세상, 미래에 대한 기본적인 신념이자 뿌리가 됩니다. 즉 일상에서 특정한 사건을 경험할 때마다 비슷한 형태의 생각이 자동적으로 떠오르지요. 앞서 말한 '남에게 피해를 주면 안 돼!'라는 신념을 가진 사람은 자신이 누군가에게 피해를 주거나 민폐를 끼쳤다고 생각할 때 괴로워하며 스스로를 비난합니다. 인지삼제 중 '나'에 대한 부정적인 생각이 더욱 공고화되는 것이지요.

그런데 남에게 민폐를 끼치지 않으려는 사람은 자신이 피해를 당하는 것도 매우 싫어합니다. 자신이 피해를 입는 상황에서는 타인과 세상에 대한 부정적인 믿음이 확증되기 때문입니다. 즉 남에게 피해를 주는 나는 나쁜 사람이고, 나에게 피해를 주는 사람은 나쁜 사람이자, 이 세상은 나쁜 세상이라고 믿는 것입니다. 따라서 자신이 가해자가 될 때는 우울과 불안을 느끼고 피해자가 될 때는 분노합니다.

때로는 피해를 줄 수도 있다는
사실을 알아야 합니다

누군가에게 피해를 주지 않는 일이 가능할까요? 반대로 누군가에게 피해를 당하지 않는 일 또한 가능할까요? 사실 생각해 보면 우리는 모두 피해자와 가해자입니다. 피해자일 때도 가해자일 때도 있다는 말이지요. 사람이라는 동물은 누구나 자기중심적입니다. 먹고 싶은 음식을 먹고 좋아하는 친구와 친하게 지내고 원하는 곳에서 일하고 싶어 합니다. 배우자가 자신이 원하는 방향으로 행동해 주길 바라고 아이가 내 뜻대로 커 주기를 원합니다.

하지만 내 행동으로 본의 아니게 피해자가 생길 때가 있습니다. 친구와 밥을 먹을 때 내가 먹고 싶은 피자를 먹으면 친구가 먹고 싶었던 치킨을 먹지 못하지요. 이때 피자를 먹자고 한 나는 친구에게 피해를 입히는 셈입니다. 내가 높은 경쟁률을 뚫고 어렵사리 회사에 입사했다면 그 회사에 취직하고 싶었던 다른 누군가는 피해를 봅니다. 반대로 내가 너무 가고 싶었던 회사에 나 대신 누군가가 합격한다면 내가 피해를 보지요. 싸울 때는 즉시 갈등을 해결해야 하는 나의 방식을 택하면 갈등 상황에서 시간이 필요한 배우자는 피해를 봅니다. 의도하지 않았거나 원하지 않았어도 이 세상은 피해를 주는 사람과 피해를 입는 사람의 합으로 굴러갑니다. 즉 피해자와 가해자라는 개념을 조금 더 확장되고 유연하게 이해해야 합니다.

민폐를 끼치면 안 된다는 신념을 가진 사람들이 괴로운 이유는 바로 우리가 '남에게 피해를 주면 안 된다'는 사실만을 배우기 때문입니다. 그래서 때로는 피해를 줄 수밖에 없는 상황이 있다는 것을 알기 어렵지요. '타인에게 피해를 주면 안 돼'라는 신념은 무척 가치 있습니다. 하지만 다른 사람에게 피해를 줄 수 있다는 가능성을 받아들이는 것 또한 가치 있는 일입니다. 마찬가지로 누군가가 나는 절대 피해를 당하지 않을 거야라고 생각한다면 이 역시도 불가능하다는 사실을 받아들여야 합니다. 사람은 누구나 다 실수를 하고 잘못을 합니다. 누구나 남에게 피해를 주는 불완전한 존재라는 것이지요.

그러니 우리 모두 하루에도 수십 번씩 가해자 혹은 피해자가 된다는 사실을 기억합시다. 그러면 '누군가에게 내가 피해를 준 것은 아닐까?'라는 생각으로 우울해하는 일은 줄어들지 않을까요? 상담실에는 이러한 신념으로 스스로를 괴롭히는 분들이 자주 찾아옵니다. 그때마다 저도 무척 속상합니다. 자신에게 유리하고 편한 방향으로 잘 생각하는 사람들은 대부분 남에게 피해를 주는 것에 스스럼이 없습니다. 그런데 이런 신념으로 괴로워하는 분들은 남에게 피해를 주지 않는 선량한 마음을 가진 경우가 많기 때문이지요.

물론 누군가에게 피해를 주어도 된다는 신념으로 타인에게 피해를 주고도 아무렇지 않은 사람은 성숙하다고 보기 어렵습니다. 남에게 피해를 주지 않으려 노력하는 사람이 사회적으로 더 성숙한 성격이지요. 하지만 '때로는 피해를 줄 수도 있어'라는 가능성을 받아들일 때 비로소 유연하고 온전한 신념이 만들어지며, 마침내 우리를 괴롭히는 우울에서 벗어날 수 있습니다. 우리는 모두 피해자이자 가해자이기 때문입니다.

살고 싶다는
마음을 주는
단 한 명 생각하기

평생 동안 죽고 싶다는 생각을 한 번이라도 해 봤다는 사람은 꽤 많습니다. 그중에서 정말 진지하게 자살 생각을 해 본 사람의 비율은 전체 인구의 약 10%라고 합니다. 내 옆에 있는 10명 중 하나는 죽음을 심각하게 생각해 본 적이 있다는 말입니다. 자살에 대한 생각은 누구나 합니다. 돈이 많든 적든 가족이나 친구와 사이가 좋든 나쁘든 직장이 있든 없든, 자살 생각은 특정한 누군가를 피해 가지 않습니다. 아직까지 한 번도 자살을 생각해 보지 않은 사람도 영원히 하지 않으리라는 보장이 없습니다. 누구라도 언제든지 얼마든지 자살을 생각할 수 있습니다.

사람들은 왜
죽음을 생각할까요?

자살의 가능성은 우울의 인지삼제처럼 나와 주변, 미래를 내가 통제할 수 없다고 느낄 때 높아집니다. 오랜 시간 무기력이 길어져도 자살 생각이 증가합니다. 이것이 바로 자살이 우울 장애의 증상인 이유지요. 이뿐만 아니라 가족이나 친척, 친구 등 가까운 지인이 자살했다는 소식을 보고 들은 경우에도 자살 경향성이 높아집니다. 자살 경향성이란 치명성과 같은 의미로, 한 개인이 자기 손으로 자신을 죽일 가능성이 있는 상태를 뜻합니다.

유명 인사나 자신이 모델로 삼고 있던 사람이 자살하자 그 사람과 자신을 동일시해 자살을 시도하는 경우도 있습니다. 이 현상을 베르테르 효과라고 부르지요. 동조 자살 혹은 모방 자살이라고도 하는 이 현상으로 자살이 관계 속에서 전염된다는 사실을 알 수 있습니다. 자살을 생각하게 만드는 가장 강력한 위험 요인은 바로 사회적 고립감입니다. 내가 사회에서 쓸모없는 존재라는 생각이 들 때, 누구에게도 도움이 되지 못한다고 느낄 때, 세상에 철저히 혼자라는 고립감이 들 때 자살에 대한 문턱은 낮아집니다. 인간이 서로 연결된 존재라는 사실을 인정할 수밖에 없는 지점이지요.

자살의 이유를 찾아내는 방법으로는 심리 부검이 있습니다.

심리 부검이란 자살한 사람이 남긴 단서나 삶의 기록 등의 자료를 분석하고, 남은 사람들과의 면담을 통해 사망자가 자살에 이른 원인을 찾아내는 과학적 도구입니다. 사체가 아니라 사망한 사람의 심리를 부검하는 것이지요. 자살 사망자 생전의 정신 질환 문제를 추정했을 때, 심리 부검 대상자 중 88.9%가 정신 건강 관련 문제를 가지고 있었으며 이 중 우울 장애가 64.3%였다고 합니다. 수치에서 알 수 있듯 우울과 자살은 매우 밀접한 관련이 있습니다. 전문가들은 이렇게 말합니다.

"자살은 단순히 충동적인 행동이 아니며, 우울증으로만 설명되지 않습니다."

자살에는 사회적 영향이 매우 강하게 작용한다고 합니다. 자살이 개인의 문제가 아니라 오히려 사회적인 문제이며 인간관계가 핵심적인 내용이라는 것이지요.

다시 한 번, 치유하는 것은 관계입니다

저는 상담 현장에 있다 보니 심각하게 자살 기도를 한 사람들을 자주 만납니다. 그럴 때면 저는 아주 조심스럽게 무엇이 그들을 다시 살게 했는지를 물어봅니다. 모두가 답변을 해 주지는 않지만 죽음의 문턱에서 다시 살아 보기로 결심한 사람들의 답은 이랬습니다.

"그 순간 문득 '누군가'가 떠올랐습니다."

그 누군가는 가족이나 친구 혹은 그저 인사하며 지나갔던 옆집 누군가이기도 했습니다. 죽고 싶을 만큼 힘들고 고통스러운 그 순간에 자신을 살린 것은 '그저 누군가'라는 하나의 존재였다는 말이지요. 생각해 보면 우리를 살게 만드는 것은 거창한 무언가가 아닙니다. 그저 내 옆에 있는 누군가 한 명, 나를 생각해 주는 누군가, 혹은 내가 지켜야 하는 누군가, 그 존재만 있으면 세상은 살 만한 곳이 된다고 느낍니다.

저는 상담을 시작할 때 내담자와 한 가지 서류를 작성합니다. 바로 '생명 존중 서약서'입니다. 과거에는 '자살 방지 서약서'라고 불리기도 했던 이 서약서는 이제 나의 생명을 존중할 것을 서약하는 문서가 되었습니다. 서약서를 작성할 때는 나를 아끼고 사랑할 것과 내가 나를 해치고 싶을 때면 누군가에게 반드시 도움을 청하겠다는 약속을 합니다. 상담가나 근처 응급실의 정신건강의학과뿐 아니라 내 곁의 사람 중 어느 한 명을 떠올리고 연락하겠다는 다짐을 하지요.

이때는 나를 소중히 여기는 누군가를 떠올리며 그의 이름을 적습니다. 부모와 친구부터 배우자, 선생님, 반려견까지 다양한 누군가의 이름을 적지요. 사실 이 문서에는 아무런 법적 효력이 없습니다. 그런데 이 종이는 내가 나를 해하려는 순간 놀라운 힘을 발휘합니다. 내가 이 세상에서 사라지고 싶을 때 한 사람을 떠올리며 그 관계 속의 나를 돌아보게 만들기 때문입니다. 서약을 하는 순간의 기억이, 내가 떠올리고 도움을 요청하기로 했던 그 사람에 대한 기억이 나를 살리는 최소한의 안전장치가 되는 셈입니다.

우리는 모두 누군가와 연결되어야 합니다. 관계 속에서 태어나 관계 속에서 살아가듯 우리는 누군가와 연결될 때 본래의 모습으로 살아갈 수 있습니다. 나에게서 눈을 들어 우리로 넘어갈 때 우울로부터 회복될 수 있습니다. 나와 연결되고 타인과 연결되며 세상과 연결되는 것 말입니다. 혹시 마음이 자꾸만 과거에 머물러 우울의 바다에 혼자 빠져 있다고 느낄 때가 있나요? 이 세상 속에서 철저하게 혼자라고 느껴 죽음을 생각할 때가 있나요?

한번 지금 여기에서 여러분의 주변을 돌아봅시다. 그리고 나를 생각하는 사람을 한 명 떠올려 봅시다. 대단하거나 깊은 관계가 아니어도 좋습니다. 오늘 마주친 누군가 한 사람, 지금 연락할 수 있는 누군가 한 사람, 이 책을 쓰고 있는 저라는 한 사람을 생각해 주기 바랍니다. 그리고 우리가 지금 이 순간에도 연결되어 있다는 사실을, 함께 살아간다는 사실을 기억해 주세요. 우리를 살게 하는 것은 그저 누군가의 존재니까요.

5장

미래는
어떻게
현재를
흔들까요?

불안의
다양한 모양

●●○○○

오지 않은 미래를
걱정하는 마음,
불안

불안한 사람의 시선은 미래에 머무릅니다. 특히 미래에 일어날 부정적인 경험과 사건에 초점을 맞추지요. 한 치 앞을 알수 없는 인생을 내다보고 싶다는 불가능한 꿈을 꾸면서 말입니다. 불안은 통제할 수 없는 미래의 작은 부분까지 컨트롤하기 위해 에너지를 쏟을 때 생겨납니다. 예를 들면 향후 집값이 더 오를지 떨어질지 알 수 없어 혼란스러워하고, 코로나에 걸릴 것 같아 집 밖에 못 나가고, 팀 회의에서 질문을 받을까 봐미리 걱정할 때 말이지요.

　이런 사람들은 모두 몸은 현재에 있지만 마음은 미래에 살고 있습니다. 현재의 행동이 불확실한 미래에 영향을 받아 현재를 있는 그대로 살아가기 어렵습니다. 모두 불안을 경험할 가능성이 크지요. 사실 불안은 위험을 감지하고 경고하는 정상적인 정서 반응이자 스스로를 보호하기 위한 반응입니다. 불안 덕분에 우리는 위험한 미래를 철저히 대비하고 시시각각 변하는 환경 속에서 자신을 안전하게 유지합니다. 하지만 미래에 지나치게 몰두하면 오히려 불안에 사로잡힙니다. 미래가 현재를 잡아먹는 것이지요.

잘 살고 싶은 마음이자
불확실을 피하고 싶은 마음입니다

불안이 큰 사람들은 현재 삶에 문제가 없어도 하루하루를 불안하게 보내면서 현재의 일상을 모두 불만족스럽다고 느낍니다. 지금 다르게 움직이지 않으면 불안한 미래가 다가올 것으로 예측하니까요. 불안도 우울과 마찬가지로 잘 살고 싶은 마음의 표현입니다. 잘 살고 싶기 때문에 미래를 준비하고 현재를 수정하고 싶은 것이지요. 하지만 미래가 현재를 집어 삼킬 정도라면 지금조차 잘 살아가기 어렵습니다.

또 불안은 미래 지향적인 감정입니다. 예측할 수 없는 미래의 어떠한 가능성에 대한 감정을 의미합니다. 미래의 불확실성에 대한 감정이라는 뜻이지요. 불확실성에 대한 인내력이 부족한 사람은 불확실한 상황에 처했을 때 부정적인 결과에 과도하게 초점을 맞추어 걱정하거나 불안해하고, 궁극적으로는 더욱 부정적인 결과를 맞이합니다. 미래는 누구에게나 불확실합니다. 그런데 불확실성을 인내하고 견디는 능력이 부족한 사람은 알 수 없는 미래를 자신이 예측할 수 있도록 세부적인 부분들을 확실히 결정 지으려 합니다. 불가능한 일을 시도하기에 불안해지고 이것이 반복되어 결국 불안이 심해지지요.

불안의 핵심은 걱정입니다. 걱정은 과거보다 미래에 일어날 사건에 대해 생각하는 특성입니다. 우리는 불확실한 상황에서 예상되는 위협과 부정적인 정서를 회피하기 위해 걱정이라는 대처 방식을 사용합니다. 걱정을 하면 부정적인 사건이 발생할 가능성이 줄어든다고 착각하고, 걱정을 통해 더 나은 해결책을 찾을 수 있다는 믿음을 가지기 때문입니다. 하지만 걱정은 오히려 문제를 만들고 키웁니다. 걱정이 또 다른 걱정을 촉진하고 불안을 가중하기 때문이지요. 이렇듯 미래에 마음이 머무르면 불안해지고 불안은 더욱 불안을 증폭합니다.

우울과 마찬가지로 불안을 경험하는 이유도 복잡하고 다양합니다. 불안한 기질을 타고났거나 유전력이 있을 수도 있습니다. 불안해하는 어머니를 보며 일상에서 불안을 학습했거나 큰 스트레스 사건이나 트라우마를 경험해 불안할 수도 있습니다. 또 마음이 현재와 과거에 있어도 불안을 느낄 수 있습니다. 다만 불안을 경험하는 이유가 시선을 미래에 두었기 때문이라면 시선을 현재로 옮기려 노력하면 됩니다. 비교적 쉽게 불안에서 빠져나올 수도 있으니까요.

불안을 느끼는 것은 잘못이 아닙니다. 미래에 시선이 머물고 있는 것도 잘못된 일이 아닙니다. 하지만 여전히 마음이 미래에 머물러 현재를 충만하게 살아가지 못한다면 우리 한번 고개를 들어 시선을 옮겨 봅시다. 생각보다 안정적이고 풍성한 현재가 기다리고 있을 테니까요.

쉽게 간과해서는 안 될
큰 문제입니다

불안은 우리에게 비교적 친숙한 정신과적 용어입니다. 가령 시험 전에 긴장이 될 때나 중요한 발표를 앞두었을 때처럼 평범한 일상에서 불안하다는 말을 자주 사용하지요. 불안의 사전적 정의는 '마음이 편하지 아니하고 조마조마함'입니다. 그래서인지 사람들은 불안이라는 심리 상태를 다른 심리 문제와 비교했을 때 가볍게 인식합니다. 예를 들면 우울증, 조울증, 조현병 같은 정신 장애는 심각하게 인식하고 다루지만 사회 불안이나 공황 장애 같은 불안 장애는 큰 문제로 받아들이지 않습니다. 게다가 불안을 심리적 문제나 정서적 장애라고 인식하기보다 개인의 성격적 특질로 인식합니다. 불안을 느끼는 사람에게 병원을 권유하기보다 "너는 원래 예민하고 불안해하는 성격이잖아"라고 말하는 경우가 많지요. 그래서 많은 사람이 불안을 쉽게 간과합니다.

불안한 사람은 자신이 경험하는 불안이 어느 수준인지 정확하게 인식하지 못합니다. 내가 느끼는 불안의 정도가 남들도 일상적으로 느끼는 수준인지 아니면 과도한지 판단하기 어려워하지요. 심지어 자신이 경험하고 있는 감정에 불안이라 이름 붙일 줄 모르는 사람도 많습니다. 그냥 힘들고 아프다고 표현할 뿐입니다. 심지어 불안에는 겉으로 잘 드러나지 않는다는 특성이 있습니다. 실제 불안을 경험하는 개인의 마음속에서는 한바탕 전쟁이 벌어지고 있는데 겉으로는 티가 나지 않는다는 말이지요. 마치 소리 없는 전쟁터 같습니다.

한 내담자가 우울을 주 호소 문제로 찾아온 적이 있습니다. 처음에는 심리 검사와 면담을 통해 이 내담자의 상태를 '우울을 크게 경험하고 있지만 불안은 미미한 정도'로 판단했습니다. 그런데 상담 회기가 거듭될수록 그 속에 내재한 불안이 드러났습니다. 시간이 지나면서 이 내담자의 회복을 위해서는 우울보다 불안을 더 핵심적으로 다루어야 한다는 것을 깨달았습니다. 이것이 바로 불안의 특징입니다. 즉 불안을 경험하고 있는 사람도 자신이 불안을 느끼는지 잘 모르고, 불안 자체도

겉으로 잘 보이지 않는다는 말이지요. 불안을 쉽게 간과할 수밖에 없는 이유입니다.

불안이 드러난다면 신체 증상으로 표현되는 경우가 많습니다. 따라서 다음에 살펴볼 구체적인 사례와 증상들을 통해 자신이 불안을 경험하고 있지는 않은지 확인해 보면 좋겠습니다. 내 불안한 상태를 스스로 인식하지 못하더라도 내 몸은 이를 표현해 주고 있을지 모르니까요.

일상적 불안과
불안 장애는
무엇이 다를까요?

불안은 위험이 예상되는 상황에서 느끼는 기분으로 누구라도 경험할 수 있습니다. 앞서 말했듯 불안은 인간의 생존과 안전에 반드시 필요한 감정이기도 합니다. 시험을 앞두고 있을 때, 중요한 면접 일정이 코앞일 때, 가족과 다투었을 때, 건강에 이상 신호를 발견했을 때 언제라도 불안을 느낄 수 있습니다. 이러한 일상적 불안은 시간이 흐르거나 휴식을 취하거나 불안을 만들어 내는 위험 상황을 벗어나면 회복됩니다. 반면 불안 장애는 그 정도나 빈도가 더 심해 다양한 증상으로 발현되는 질병이며, 질병이기 때문에 본인의 의지만으로는 해결하기 어렵습니다.

불안의 스펙트럼과
진단 기준

그렇다면 일상적 불안과 불안 장애는 어떻게 구분할 수 있을까요? 곧 살펴볼 여러 가지 증상은 일상적 불안을 느끼는 상태와 불안 장애를 겪는 상태에서 모두 나타납니다. 차이는 증상들의 강도와 빈도에 있습니다. 즉 불안의 스펙트럼에서 어디에 위치하느냐에 따라 일상적 불안과 불안 장애를 구분하지요. 어느 수준까지는 일상적 불안의 영역에 속합니다. 반면 어떤 기점을 넘어가면 불안 장애라고 이름 붙입니다. 불안의 스펙트럼을 그림으로 나타내면 이렇습니다.

불안 장애의 종류는 다양합니다. 미국정신의학협회의《DSM-5》에 따르면 분리 불안 장애, 선택적 함구증, 특정 공포증, 사회 불안 장애, 공황 장애, 광장 공포증, 범불안 장애 등이 있습니다. 그중에서도 대표적인 불안 장애인 범불안 장애를 예로 들어 설명하겠습니다. 범불안 장애는 학업, 직업, 건강, 재정, 죽음, 가족, 미래 등 거의 모든 주제의 사건이나 활동에 대해 과도하게 걱정하는 불안 장애입니다. 범불안 장애의 진단 기준은 이렇습니다.

A. (직장이나 학업 같은) 여러 사건이나 활동에 대한 과도한 불안이나 걱정이 적어도 6개월 이상으로 그렇지 않은 날보다 그런 날이 더 많아야 한다.

B. 개인은 스스로 이런 걱정을 조절하기 어렵다고 느낀다.

C. 불안과 걱정은 다음의 여섯 가지 증상 중 적어도 세 가지 이상의 증상과 관련이 있다(지난 6개월 동안 적어도 몇 가지 증상이 있는 날이 없는 날보다 더 많다).

 1. 안절부절못하거나 낭떠러지 끝에 서 있는 느낌.

 2. 쉽게 피곤해짐.

 3. 집중하기 힘들거나 머릿속이 하얗게 되는 것.

 4. 과민성.

 5. 근육의 긴장.

 6. 수면 교란(잠들기 어렵거나 유지가 어렵거나 밤새 뒤척이면서 불만족스러운 수면 상태).

D. 불안이나 걱정 혹은 신체 증상이 사회적, 직업적 또는 다른 중요한 기능 영역에서 임상적으로 현저한 고통이나 손상을 초래한다.

E. 장애가 물질(예: 남용 약물, 치료 약물)의 생리적 효과 혹은 다른 의학적 상태(예: 갑상선 기능 항진증)로 인한 것이 아니다.

F. 장애가 다른 정신 질환으로 더 잘 설명되지 않는다.

범불안 장애의 핵심적인 특징은 진단 기준 A의 과도한 불안과 걱정입니다. 불안과 걱정의 정도, 기간, 빈도가 예상되는 사건이 미치는 실제 영향에 비해 과도한 수준일 때 범불안 장애로 진단할 수 있다는 말이지요. 또 걱정을 조절하기 힘들어해 일상생활에도 지장이 생깁니다. 그중에서도 일상적 불안과 불안 장애를 구분하는 중요한 기준은 두 가지입니다. 하나는 지속 기간입니다. 일상적 불안은 길지 않은 시일 내에 회복됩니다. 불안을 일으키는 사건이나 상태가 해결되는 경우 불안감이 감소하지요. 반면 불안 장애는 증상이 6개월 이상 길게 지속되고 걱정이 과도하며, 이를 통제하기 어렵다는 특징이 있습니다.

다른 하나는 주관적 고통감의 크기와 이로 인한 일상 기능의 손실 여부입니다. 불안의 증상들 때문에 지나치게 괴로움을 경험하고 있다면 일상적 불안이라기보다는 불안 장애로 판단합니다. 또한 스스로는 고통감을 느끼지 않지만 일상 기능에 지장을 받고 있다면 역시 불안 장애로 진단합니다. 예를 들어 불안 때문에 시험에서 늘 평소보다 능력을 발휘하지 못하거나 사람들 앞에서 발표를 하지 못하거나 사건 사고가 일어날까 봐 집 밖으로 나가는 횟수가 줄어들었을 때 불안이 일상 기능에 영향을 준다고 판단합니다. 이와 더불어 진단 기준 C의 증상이 세 개 이상 나타나야 불안 장애로 진단합니다.

다시 한 번 강조하지만 불안을 느끼는 것은 주관적이기 때문에 스스로 내 불안감이 얼마나 심각한지 분별하기는 어렵습니다. 특히 어릴 때부터 불안한 기질을 가지고 있었던 사람이라면 오랫동안 불안에 익숙해져 더 판단하기 어렵지요. 곧 불안의 다양한 증상을 살펴볼 것입니다. 이중 일부만 경험하고 있다 하더라도 스스로 헤어 나오기 힘들다고 느낀다면 임상심리사나 정신건강의학과 의사 같은 전문가를 찾아가기 바랍니다. 여러분의 증상과 징후를 파악해 정확하게 진단하고 향후 나아가야 할 방향을 제시해 줄 것입니다.

다양한 모습으로
찾아오는 불안

불안은 복합 감정입니다. 단순한 하나의 감정이 아니라 분노, 두려움, 질투, 실망, 당황, 슬픔 등 다양한 감정이 겹쳐 나타나는 상태입니다. 따라서 불안의 증상도 다양하고 복잡하게 나타납니다.

불안이 찾아오면 잠들기 어렵고 새벽에 자꾸만 깨는 불면증이 나타납니다. 소화가 잘 되지 않아 늘 더부룩하고 소변도 자주 봅니다. 가슴이 두근거리고 숨이 잘 안 쉬어지는 신체 증상들도 나타나며, 자주 깜짝깜짝 놀라고 감각이 예민해집니다.

몸이 늘 긴장 상태라 근육통을 느끼고 두통도 나타납니다. 늘 피곤하거나 피로하며 걱정이 꼬리에 꼬리를 뭅니다. 죽을 것 같은 공포를 느끼는 공황을 경험하거나 사람들의 시선에 민감해지기도 하지요. 머리가 멍하고 집중력이 떨어지며 평소보다 강박적이고 완벽주의적인 모습도 나타납니다. 이러한 증상의 일부는 우울에서 나타나는 모습과 비슷하거나 같습니다.

물론 불안이 찾아왔을 때 이 모든 증상을 경험하지는 않습니다. 누군가는 심장이 뛰고 호흡이 가쁘며 두통이 나타나는 신체적인 증상이 크게 나타나는 모양의 불안을 경험합니다. 또 누군가는 타인의 평가에 민감해지고 잠을 잘 자지 못하며 강박적으로 자신의 일상을 통제하는 불안의 모습을 보이지요. 사람마다 다른 모양의 불안을 경험한다는 뜻입니다. 지금부터 불안이 어떤 모양인지 구체적인 사례를 통해 살펴보겠습니다. 각 사례들을 읽으며 내가 불안의 증상을 경험하고 있지 않은지 살펴보면 좋겠습니다. 기억해야 할 중요한 점은 이 중 한두 개만 나타나더라도 불안일 수 있다는 사실입니다.

● ○ ○ ○ ○

잠들기 어렵고,
소화가 안 되거나
화장실에 자주 가요

불면과
악몽

● 유진 씨는 남자 친구와 결혼에 대한 이야기를 나누고 난 뒤부터 잠에 들기 힘들어졌습니다. 잠자리에 누워 뒤척이다 보면 3~4시간은 훌쩍 지나 있었습니다. 잠에 든 것 같다가도 작은 소리에 놀라 깨고, 아침에 일어나서는 밤을 샌 듯한 피로감을 느꼈습니다. 유진 씨에게 결혼은 너무나 어려운 주제였기 때문입니다.

2년 전 유진 씨의 언니는 결혼할 사람을 집에 데리고 와 부모님에게 소개했습니다. 유진 씨는 그때 받은 충격을 잊을 수 없습니다. 태어나서 처음으로 부모님의 낯선 모습을 보았기 때문입니다. 부모님은 첫 만남에 언니의 남자 친구에게 무례한 질문을 퍼부었고 결국 언니의 결혼은 무산되었습니다. 이 과정을 지켜본 유진 씨는 남자 친구를 부모님에게 소개할 생각을 하니 까마득했습니다. 부모님이 마음에 들어 하지 않을 것 같고, 남자 친구에게도 심한 말을 할까 봐 급격히 불안해졌습니다.

불안은 수면의 영역에서 가장 쉽게 드러납니다. 마음속에 불안이 찾아오면 걱정 사고가 많아지고, 끊이지 않는 생각 때문에 몸이 각성되어 잠에 들기 힘들어집니다. 간신히 잠에 들어도 푹 잘 수 없습니다. 각성 상태인 몸은 작은 소리에도 깹니다. 그러다 보면 뜬 눈으로 밤을 지새울 수밖에 없지요. 불안으로 수면 문제를 겪는 사람들은 악몽을 꾸는 경우도 많습니다. 현실에서의 불안이 무의식에 반영되어 무언가에 쫓기는 내용의 기분 나쁜 꿈을 자주 꿉니다. 보통 사람들은 스트레스를 경험하면 이를 잊기 위해 잠으로 달아난다지만, 불안한 사람은 꿈에서조차 현실의 걱정을 집약적으로 하는 셈입니다.

평소 잠을 잘 자는 사람들도 스트레스를 경험할 때면 종종 잠을 설칩니다. 침대에 누워 고민하고 걱정하다 보면 어느새 새벽을 맞이합니다. 잠을 자더라도 수면의 질이 떨어져 다음

날 무척 피로감을 느끼기도 합니다. 그래도 건강한 사람은 문제가 해결되면 다시 잠을 푹 잘 수 있습니다. 반면에 불안을 경험하는 사람은 장기간 지속적으로 수면 문제를 겪습니다.

수면 문제를 겪고 있는지 판단하는 기준은 '주 3회, 3개월 이상 증상이 지속되고 있는지'입니다. 만약 이 조건을 충족했다면 지금 당장 전문가를 찾아가 도움을 받아야 합니다. 잠을 잘자지 못하고 악몽을 꾸는 것은 무척 서러운 일이지요. 그런데 불안이 원인이라면 불안을 다루면 되니 지금 내 마음이 어떤지 먼저 살펴보도록 합시다.

소화 장애와
빈뇨, 급박뇨, 잔뇨감

- 윤지 씨는 대학원 면접 시험을 앞두고 있습니다. 그런데 자신이 걸어온 길과 다른 방향으로 대학원에 진학하려니 모르는 게 많아 불안합니다. 어느 순간부터 윤지 씨는 소화가 잘 되지 않고 배가 더부룩해졌습니다. 목에서 음식이 잘 넘어가지 않고 어떤 음식을 먹어도 체합니다. 배가 사르르 자주 아프고 설사를 하는 경우도 많습니다. 화장실에도 자주 들락날락합니다. 분명 조금 전에 화장실을 다녀왔는데 또 다시 요의가 생겨 소변을 보러 가는 일이 잦아졌습니다.

불안 장애는 자율 신경계 조절 능력과 많은 관련이 있습니다. 자율 신경계는 말초 신경계의 한 부분으로 심장 박동, 호흡, 땀, 소화관 운동, 소화액 분비 등 우리의 의지로 제어할 수 없는 기능에 관여합니다. 자율 신경계는 교감 신경계와 부교감 신경계로 이루어지는데 이 둘은 서로 상반되는 방향으로 작용하며 어느 한쪽으로 치우치지 않도록 균형을 맞춥니다. 즉 한쪽이 촉진되면 다른 쪽은 억제되지요.

교감 신경계는 우리가 위험한 상황에 놓이거나 몸을 많이 움직일 때 활성화됩니다. 몸에 에너지를 공급하기 위해 심장 박동 수를 높이고, 혈압을 상승시키고, 동공을 확장시키고, 땀을 흘리는 등 스트레스에 대처하지요. 반대로 부교감 신경계가 활성화되면 심장 박동 수와 혈압은 낮아지고, 소화관 운동이 촉진되며 신체 기능이 안정됩니다. 불안 장애를 겪는 사람들은 이러한 자율 신경계의 조절 능력이 감소해 교감 신경이 과도하게 항진된 모습을 보입니다.

불안할 때 소화 불량, 변비, 설사 등 소화 계통 장애가 생기는 이유도 바로 여기에 있습니다. 교감 신경계가 과항진되어 소화액 분비와 소화관 운동이 억제되고 따라서 음식을 적게 먹어도 잘 얹히고 소화가 잘 되지 않는 것입니다. 불안을 경험하면서 과민성 대장 증후군을 겪는 사람도 많습니다. 과민성 대장 증후군은 다른 질환이나 해부학적 이상 없이 대장 근육이 과민해져 만성적인 복통과 복부 불편감, 배변 장애를 동반하는 기능성 장 질환입니다. 스트레스를 받는 시험이나 발표 등 긴장되는 상황에서 배가 사르르 아프거나 화장실에 간다면 과민성 대장 증후군일 가능성이 있습니다.

저 역시 고등학생 때 모의고사를 보는 날에는 항상 1교시 언어 시간에 양해를 구하고 화장실에 갔습니다. 참으려고 해도 참을 수가 없었지요. 매번 이 패턴이 반복되자 수능 날에도 화장실에 갈까 봐 불안이 더 심해졌습니다. 비록 수능 시험은 망쳤지만 다행히 성인이 되고 불안을 조절하면서 중요한 순간에 화장실에 가는 일은 없어졌습니다.

병원에서 임상심리 수련 과정을 밟던 때에 동기들과 나눈 이야기가 있습니다. 동기 한 명이 "불안 문제를 지닌 사람들은 검사 직전에 화장실을 다녀오거나 도중에 요의를 느끼는 경우가 많은 것 같아"라고 이야기했습니다. 저는 그 말에 공감하지 않을 수 없었습니다. 1시간 밖에 되지 않는 심리 검사를 하기 직전에 화장실을 다녀오거나 검사 도중에 요의를 느끼던 환자들은 상당수 불안 문제를 경험하고 있었기 때문입니다.

소변이 자주 마려운 증상 역시 불안과 관련이 있습니다. 스트레스로 인해 방광이 과민 반응을 일으켜 정상 횟수보다 자주 배뇨하는 빈뇨, 소변을 참기 어려운 급박뇨, 소변을 보고 난 뒤에도 개운하지 않고 소변이 남아 있는 듯한 잔뇨감의 문제가 생겨나기 때문입니다. 심리학적 측면에서 보면 소변을 보는 행위는 심리적 안정을 얻기 위한 방법입니다. 이를 통해 심리적 긴장을 해소하고 이완하는 것이지요. 화장실을 가는 행위도 긴장되는 상황을 회피하는 방법으로 볼 수 있습니다. 화장실이라는 사적인 공간은 긴장되는 중요한 상황에서 잠시 도피해 나를 보호할 수 있는 곳이기 때문이지요.

만약 요즘 들어 소화가 잘 되지 않거나 화장실에 자주 간다면 내 마음이 불안해서 나타나는 증상이 아닌지 의심해 봅시다. 여러분의 마음은 지금 안녕한가요?

심장이 빨리 뛰고,
숨 쉬기 어렵거나
깜짝깜짝 놀라요

가슴 두근거림과
호흡 곤란

● 승현 씨는 얼마 전 발표된 인사 고과에서 C라는 점수를 받았습니다. 생전 처음 받는 낮은 점수에 심장이 두근거렸습니다. 이번 승진에서 누락될 가능성이 많아졌다는 위기감과 회사 사람들이 자신을 좋게 보지 않기 시작했다는 생각에 앞으로의 일들이 막막하게 느껴졌지요. 승현 씨는 실패를 경험한 적이 거의 없습니다. 남들이 인정할 만한 명문 대학을 나왔고 큰 어려움 없이 대기업에 입사했으며 일을 못한다는 소리를 들어본 적도 없었으니까요. 그런데 업무 성과와 능력을 중요

시 여기던 이전과 달리 이번 인사 고과에서는 팀워크와 화합을 중점적으로 평가해 예상보다 낮은 점수를 받았습니다.

승현 씨는 회사에 들어서면 가슴이 두근거리며 불안해졌습니다. 회의 중이나 상사가 부르는 순간에는 긴장했고 숨도 편안히 잘 쉬지 못했습니다. 크게 한숨을 쉬어야만 시원하게 숨을 쉴 수 있었지요. 문제는 증상이 점점 심해진다는 것이었습니다. 회사뿐 아니라 집에서 자기 직전까지도 이유 없는 두근거림을 느낀 승현 씨는 심장이나 폐 쪽에 문제가 생겼는지 염려되어 곧바로 병원에 방문해 여러 검사를 받았지만 이상 소견은 나타나지 않았습니다.

가슴이 두근거리고 숨이 잘 안 쉬어지는 증상은 앞서 말한 교감 신경계 과잉 활성화의 전형적인 예입니다. 교감 신경이 과도하게 흥분되어 심장으로 혈액이 쏠린 것이지요. 예를 들면 달리기를 할 때 우리 몸은 전신에 많은 양의 혈액을 공급하기 위해 심장 박동을 빠르게 만듭니다. 심장이 빨리 움직일수록 폐도 호흡을 많이 해야 합니다. 이처럼 교감 신경계가 활성화되면 심장이 뛰면서 숨이 잘 안 쉬어지고 가쁜 호흡을 내뱉습니다. 그런데 교감 신경계가 과잉 활성화되면 편안한 상태에서도 달리기를 하는 것처럼 심장이 뛰고 숨이 찹니다. 교감 신경계가 속한 자율 신경계는 뇌의 명령으로 움직이는데, 스트레스 상황에서는 뇌가 민감하게 연동되어 움직이기 때문입니다.

우리는 가슴이 두근거리고 숨을 쉬기 어려워지면 가장 먼저 부정맥 같은 심장 질환에 걸리지 않았는지 의심합니다. 승현 씨도 병원에 방문해 심전도 검사와 혈액 검사를 비롯해 다양한 검사를 받았습니다. 그런데 몸에는 아무런 이상이 없다는 결과가 나왔지요. 이어서 폐에 이상이 없는지 또 다시 검사를 받았지만 폐에서도 이상 소견은 나타나지 않았습니다. 승현 씨는 불안에 의한 증상일 수 있다는 말과 함께 정신건강의학과 방문을 권유받았습니다.

예민함과 잦은 놀람

● 가슴이 두근거리고 숨쉬기가 어렵던 승현 씨는 깜짝깜짝 놀라는 일이 많아졌습니다. 회사에서 누군가 자신을 부르면 심장이 떨어질 것처럼 놀랐습니다. 회의 중에는 누가 의견을 물어볼까 봐 늘 신경을 곤두세웠고, 메신저나 메일이 도착했다는 알람이 울리면 갑자기 심장이 두근거렸습니다. 집에서도 마찬가지였습니다. 라면을 끓이려 맞춘 타이머 소리에 놀라 손이 데이기도 했습니다. 어머니의 안부 전화에도 이상하게

가슴이 뛰었습니다. 감각이 민감해져 사소한 자극에도 깜짝 놀라니 일상생활을 하기가 어려워졌지요. 자연스럽게 마음도 날카로워졌습니다. 승현 씨는 결국 상담소를 방문했습니다.

승현 씨가 깜짝깜짝 놀라고 예민해진 이유도 과잉 각성 때문입니다. 교감 신경계가 활성화되고 몸이 과각성되어 사소한 자극 하나하나에 과민하게 반응하는 것이지요. 우리 몸과 마음은 긴밀하게 연결되어 있습니다. 마음이 불안을 경험하면 몸으로 증상이 드러납니다. 그런데 이렇게 과잉 각성된 모습은 특정 상황을 넘어 점차 일상 전반에 걸쳐 나타납니다. 승현 씨처럼 스트레스 상황이었던 회사에서 겪던 불안이 스트레스 상황이 아닌 집에서도 나타나는 것이지요.

신경이 예민해진 상태는 마음이 벼랑 끝에 선 상태라고 할 수 있습니다. 금방이라도 절벽 아래로 떨어질 수 있는 벼랑 끝에 아슬아슬하게 서 있다고 상상해 봅시다. 이 상태에서는 살랑살랑 불어오는 바람에도 깜짝 놀라고 예민해질 것입니다. 지금 여러분은 어떤가요? "자라 보고 놀란 가슴 솥뚜껑 보고 놀란다"는 말처럼 사소한 일에도 깜짝깜짝 놀라지는 않나요? 그렇다면 지금 나의 마음을 살펴봅시다. 불안이 내 마음을 잠식하지 않았는지 말이지요.

어깨와
머리가 아프고
늘 피곤해요

만성 근육통과
만성 두통

● 수현 씨는 만성 근육통을 달고 사는 30대 후반의 직장인입니다. 수현 씨가 승모근의 통증과 두통 때문에 처음 진료를 받은 것은 고등학생 때였습니다. 시험에 대한 부담이 심해지자 공부를 하다가도 어깨와 머리가 아파 한 자세로 오래 앉아 있을 수 없었습니다. 정형외과에서 물리 치료를 받고 통증 의학과에서 약을 먹어도, 한의원에서 추나 치료를 받고 침을 맞아도 통증은 일시적으로만 사라질 뿐이었습니다. 그렇게 수현 씨는 10년이 넘는 시간 동안 통증과 함께 살아왔습니다.

3년 전부터는 일정한 식사 시간에 건강한 음식을 먹으려 노력했습니다. 운동도 꾸준히 했습니다. 유산소 운동, 요가, 필라테스 등 긴장 완화에 좋다는 운동 중에 해 보지 않은 것이 없습니다. 식이 요법과 운동을 시작하고 통증이 완화된 듯도 하지만 조금만 스트레스를 받으면 어김없이 근육통이 찾아옵니다. 수현 씨가 병원에 가면 듣는 이야기는 언제나 "스트레스를 받지 않게 조심하세요"입니다. 그런데 이 말은 너무 무책임하게 들립니다. 때로는 좌절감도 느낍니다. 스트레스를 받지 않으려 아무리 노력해도 말처럼 쉽지 않기 때문입니다.

근육통 및 두통은 불안과 함께 나타나는 경우가 매우 많습니다. 섬유 근육통은 근육, 관절, 인대, 힘줄 등 연부 조직에서 만성적인 통증을 일으키는 증후군입니다. 그러나 연부 조직에서 객관적인 이상은 발견되지 않지요. 이 증후군을 가진 사람들은 주로 허리 아래 부위의 통증이나 목, 어깨의 통증을 호소하고, 통증은 전신으로 퍼지는 양상을 보입니다.

섬유 근육통의 원인은 정확히 밝혀지지 않았지만 현재는 '통증에 대한 지각 이상' 때문이라고 이해합니다. 즉 정상인이 통증으로 느끼지 않는 자극을 통증으로 느끼고, 통증과 상관없는 자극을 몸이 적절하게 처리하지 못해 나타나는 증상이라는 뜻이지요. 이 질병은 불안과 우울과 자주 나타나는 증상입니다. 수현 씨 또한 현재 류마티스 내과에서 섬유 근육통 진단을 받고 꾸준히 약물을 복용하고 있습니다.

두통 또한 매우 흔한 불안의 증상입니다. 불안하면 걱정 사고가 늘어납니다. 생각을 많이 하면 뇌에 혈류가 증가하고, 굵어진 혈관과 근육이 뇌를 압박해 결국 두통이 생겨나지요. 불안과 특히 연관이 많은 긴장성 두통은 얼굴이나 목 근육의 지속적인 수축과 긴장 때문에 발생합니다. 통증은 머리 뒷부분이나 목에서 더 심해지기도 하며, 근육이 과긴장해 앞서 말한 근육통도 함께 나타납니다. 정리하자면 불안 때문에 몸이 과도하게 긴장해 두통이 발생하는 것이지요.

이 경우 근육통과 두통을 치료를 병행하며 내재하는 불안과 우울을 다루어야 합니다. 아주 오랫동안 불안과 함께했다면 이에 익숙해져 내가 불안을 느끼는지 모르고 지낼 가능성이 높습니다. 만성적인 근육통과 두통을 겪고 있다면 내 마음의 상태를 한번 들여다봐야 한다는 것이지요.

피곤함과
피로감

● 수현 씨에게서 만성 근육통과 함께 뗄 수 없는 것이 바로 피로감이었습니다. 피곤하지 않은 쌩쌩한 컨디션을 언제 느껴

봤는지 도통 기억이 나지 않습니다. 수현 씨는 늘 피곤하고 피로했습니다. 수현 씨의 통증은 때로는 심해졌다가도 다시 완화되었지만 피곤함과 피로감은 언제나 기저에 깔려 있었습니다. 이 때문에 직장을 그만두고 몇 달 쉰 적도 있습니다. 피로감은 퇴사 직후에 잠깐 나아졌을 뿐 다시 찾아왔습니다. 쉬면서도 앞으로 이직을 어떻게 해야 할지 매일 고민했기 때문입니다. 수현 씨는 미래를 생각하면 늘 불안했습니다. 일을 하면서도 쉬면서도 말이지요.

불안으로 인한 신체적 증상들은 함께 찾아오는 경우가 많습니다. 긴장하고 경계해야 할 특정한 상황뿐 아니라 모든 상황에서 긴장하니 피곤할 수밖에 없지요. 불안한 사람은 보통 사람이 에너지를 사용하지 않는 상황에서도 늘 긴장하고 에너지를 소모합니다. 자동차에 비유하면 보통 사람은 움직이지 않을 때는 시동을 끄고 에너지를 비축하는 반면, 불안한 사람은 멈춘 상황에서도 계속 연료를 사용하며 공회전하고 있는 것이지요. 당연히 불안한 사람들은 연료를 더 빨리 소진할 것이고 자동차의 수명 또한 짧아질 것입니다.

불안을 경험하는 사람들은 잠시 휴가를 다녀와도 그때만 나아질 뿐 누적된 피로감이 쉽게 풀리지 않습니다. 몸은 쉬고 있지만 마음은 어딘가로 계속해서 달리고 있기 때문이지요. 그런데 우리는 만성 피로감을 현대인의 질병이라 여기며 간과합니다. '피로감 없는 직장인은 없다'라면서 말이지요. 지금 당장은 괜찮을지 모릅니다. 하지만 우리 몸과 마음에는 알게 모르게 계속 피로가 쌓이고 있습니다. 우리 마음에 내재한 근본적인 불안을 다루지 않으면 언제 고장이 나도 이상하지 않을 것입니다.

걱정이
꼬리에 꼬리를 물고
머리가 멍해요

과도한 걱정과
부동 불안

● 유림 씨는 어릴 때부터 걱정이 많았습니다. 유치원생 때는 엄마와 떨어지는 것을 또래 아이들보다 어려워했고, 초등학생때는 TV 뉴스에서 사건 사고가 일어날 때마다 불안해했습니다. 걱정을 사서 한다는 이야기도 자주 들었습니다. 해가 쨍쨍한 날에도 비가 올까 봐 가방에 늘 우산을 가지고 다녔습니다. 길을 걷다가도 '건물에서 무언가 떨어져 머리 위로 떨어지지 않을까?'라는 불안한 생각이 자주 떠올랐습니다. 유림 씨는 다양한 상황에서 여러 주제로 온갖 걱정을 했습니다.

우리는 살아가면서 다양한 걱정을 합니다. 컵을 깨뜨려 부모님에게 혼이 날까 봐, 시험을 망칠까 봐 걱정하고 친구들이 나를 싫어할까 봐, 내가 좋아하는 사람이 나를 좋아하지 않을까 봐 걱정합니다. 더 커서는 취업이 되지 않을까 봐, 입사 후에는 회사에서 해고당할까 봐 걱정합니다. 걱정은 멈추지 않습니다. 불확실한 미래를 생각하면 걱정이 한가득합니다. 결혼해서는 자녀와 건강을 걱정하고 일찍부터 노후 준비를 하며 노년을 걱정합니다. 유림 씨처럼 불안한 기질을 가지고 타고난 사람들뿐 아니라 우리 모두가 이런 걱정을 합니다. 마음에 부담이 되는 상황에서는 누구라도 걱정을 얼마든지 크게 증폭해 생각할 수 있다는 말이지요.

보통의 일반적인 걱정은 스트레스 상황에서 일어나고 걱정하다 보면 점차 무뎌지고 사라집니다. 그러나 불안으로 인한 과도한 걱정은 실제 걱정거리를 넘어 계속해서 걱정거리를 만들어 냅니다. 평소에는 불안하지 않던 사람도 자신의 역치를 넘어서는 스트레스 상황에서는 걱정하고 또 걱정하며 끊임없이 불안해합니다. 불안이 일상에 만연하게 퍼지고 과도해져 일상생활에 영향을 줄 정도가 되면 범불안 장애 진단을 고려합니다. 이 불안 장애의 특징은 부동 불안free-floating anxiety 입니다. 부동 불안은 마치 구름 위를 둥둥 떠다니는 듯한 불안입니다. 불안은 이리저리 옮겨 다니며 꼬리에 꼬리를 물고 발전합니다. 더 깊고 많은 걱정거리가 생겨나는 것이지요.

불안의 또 다른 특징은 분명한 실체가 없는 경우가 많다는 것입니다. 공포와 불안의 가장 큰 차이는 대상의 유무입니다. 공포는 특정한 대상이 있을 때 발생합니다. 예를 들어 뱀을 보면 공포를 느끼고 높은 곳에 올라가면 공포를 느낍니다. 반면 불안은 미래에 어떤 위협이 예측될 때 느끼는 감정입니다. 지금 알아차릴 수 있는 특정한 대상은 없지만 위협을 느낀다는 말이지요. 공포는 특정 대상이나 상황으로부터 생겨나기 때문에 그 대상을 피하면 해결되지만, 불안은 대상이 없기 때문에 도망치거나 대처하기 어렵습니다. 앞서 말한 과도한 걱정은 불안과 연관됩니다.

앞일에 대해 쓸데없이 걱정하는 것을 가리켜 기우라고 부릅니다. 중국 기 나라의 어떤 사람이 '하늘이 무너진다면 어디로 피해야 좋을지'를 걱정한 데서 유래한 말입니다. 우리는 모두 사소한 걱정을 하며 살아갑니다. 하지만 지금 평소보다 기우가 많아지고 있다면, 여러 일에 대한 걱정이 꼬리에 꼬리를 물며 번져 간다면 생각보다 큰 불안을 겪는 중일 수 있습니다. 지금 잠시 멈추어 서서 내 걱정이 과도하거나 조절되지 않았는지 생각해 봅시다. 평소보다 기우가 많아졌나요? 혹시 예전부터 불안했던 내 마음을 지금까지 알아차리지 못했나요? 어떤 모습이든 우리 함께 불안을 다루어 봅시다.

집중력 저하와 멍함 등
인지 장애

● 대학교 3학년인 정훈 씨는 팬데믹 상황이 길어지자 불안이 심해졌습니다. 확진자 수가 늘어나면서 자신도 언제 걸릴지 알 수 없다는 생각이 들었기 때문입니다. 정훈 씨는 몇 달 전부터 확진자 수를 체크하면서 하루를 시작했고, 코로나 증상을 검색하면서 하루를 마무리했습니다.

불안이 더욱 심해진 것은 코로나19로 가족을 잃은 친구의 이야기를 들은 뒤부터였습니다. 정훈 씨는 부작용이 나타날까 봐 두려워 백신을 맞지 않았습니다. 그런데 백신을 맞지 않은 사람이 위중증 환자가 될 가능성이 높다는 이야기에 불안이 더욱 상승했습니다. 코로나에 걸리는 것과 백신을 맞는 것 어느 쪽으로든 불안이 높았습니다. 이후부터는 자주 건강을 염려했고 결국 대중교통을 이용하거나 친구들을 만나지도 못했습니다.

기말고사를 준비하던 정훈 씨는 좀처럼 공부에 집중하지 못했습니다. 하루 종일 머리가 멍하고 책을 읽어도 무슨 말인지 머리에 들어오지 않았습니다. 곧 4학년이 되니 학점 관리를 해야 하는데 공부에 집중하기 어려워 마음이 더욱 조급해졌습니다. 결국 정훈 씨는 기말고사에서 최악의 성적을 받았습니다.

집중력이 감소하고 멍해지는 인지 장애는 우울의 증상이면서 불안의 증상입니다. 감기에 걸려도 머리가 아프고 소화가 되지 않아도 머리가 아픈 것처럼 인지 장애도 우울과 불안 모두에 찾아오는 증상입니다. 전염병에서 시작된 불안은 정훈 씨의 집중력을 감소시키고 인지적인 장애를 만들어 냈습니다. 하루 종일 멍해 시험 준비를 제대로 못 했고 시험 전날까지도 전혀 집중하지 못했습니다. 이러한 불안은 시험과 미래에 대한 불안으로 이어졌고 결국 최악의 시험 성적이라는 결과를 가져왔지요.

더 나아가 정훈 씨는 방금 전 상황이 정확하게 기억나지 않는 일도 빈번하게 겪었습니다. 조금 전에 부모님과 저녁을 먹기 위해 메뉴를 주문했는데 자신이 무슨 음식을 시켰는지 기억하지 못했습니다. 분명 자신이 배달 앱에서 주문을 했는데도 깜빡 잊은 것입니다. 정훈 씨는 머릿속이 뿌옇게 안개가 끼고 무언가에 쓰인 듯하다고 말했습니다. 가장 친한 친구의 생일을 감쪽같이 잊기도 했습니다. 집에서 자다가 친구의 전화를 받은 정훈 씨는 너무나 놀랐습니다. 친구의 생일을 잊어버렸을 뿐 아니라 언제 어디서 만나자고 약속했는지 전혀 기억나지 않았기 때문입니다. 머리가 마비되고 전혀 돌아가지 않는 것처럼 느껴졌습니다. 이러다 기억을 잃어버리고 미칠까 봐 무서워졌습니다.

불안해지면 마치 치매에 걸린 것처럼 깜빡깜빡하고 건망증이 생기기도 합니다. 정훈 씨처럼 방금 있었던 일이나 중요한 일들이 전혀 기억나지 않는 경우도 있지요. 만약 일상에서 건망증이 잦아져 놀라는 일들이 반복된다면 불안이 지금 나를 삼키고 있는 것은 아닌지 살펴봅시다. 불안의 모양을 안다면 스스로 충분히 다룰 수 있을 것입니다.

●●○○○

강박적으로
일상을 통제하고
완벽하려 해요

강박 사고와
강박 행동

● 평소 맡은 일을 깔끔하고 철저하게 수행했던 찬욱 씨는 인사 이동 전 중요한 프레젠테이션 발표를 맡았습니다. 이 발표를 성공적으로 마무리하면 원하는 자리에 올라갈 수 있었지요. 찬욱 씨는 잠을 줄이고 끼니도 거르며 발표에 온 신경을 쏟았습니다. 그런데 발표일이 다가오자 불안이 피어오르기 시작했습니다. 어느 순간부터 잘 해내지 못하면 큰일이 날 것 같다는 생각이 들었습니다.

찬욱 씨는 자신이 준비한 내용이 맞는지 계속 의심하고 거듭

확인했습니다. 내용과 정보를 확인하고 또 확인해도 불안이 가라앉지 않았습니다. '내가 알아본 정보에 오류가 있으면 어떡하지?', '실수를 하면 어떡하지?', '팀에 피해를 주면 어떡하지?', '이 기회를 놓치면 어떡하지?' 같은 걱정이 머릿속을 떠나지 않았습니다. 머리로는 '실수하지 않는 사람은 없고, 혹시라도 잘못되면 수습하면 된다'고 생각했지만 불안이 찾아오면 손쓸 방법이 없었습니다.

찬욱 씨는 자신이 잘 준비해 둔 발표가 오류투성이라고 느껴 내용에 이상이 없는지 매일 동료들에게 확인하고 물었습니다. 이를 지켜본 상사가 잘 준비하고 있다며 안심시켜 주어도 발표를 수정하고 또 수정했습니다. 이렇게 하지 않으면 발표 당일에 문제가 생길 것 같았기 때문입니다. 찬욱 씨는 하루 종일 발표 준비에 파묻혀 다른 일을 하지 못했습니다. 퇴근 후 집에 가는 것조차 불길하게 느꼈습니다.

강박은 원하지 않는 침투적인 생각, 충동, 이미지가 반복적으로 떠올라 고민하거나 이에 따라 행동하는 것입니다. 강박은 강박 사고와 강박 행동으로 구분됩니다. 생각하고 싶지 않은 생각이 자꾸만 반복적으로 머릿속에 침투하는 것을 강박 사고라 하고, 이로 인한 불안을 예방하거나 줄이기 위해 반복적으로 수행하는 행동을 강박 행동이라 합니다.

찬욱 씨는 자신이 준비한 발표 내용에 오류가 있다고 반복적으로 생각했습니다. 또한 발표 당일에 발표를 잘못해 큰일이 날 것 같다는 이미지로 괴로워했습니다. 강박 사고를 경험하고 있는 것이지요. 불안으로 계속해서 내용을 수정하고 주변인에게 확인하는 모습은 강박 행동이라고 볼 수 있습니다. 찬욱 씨는 불안이 상승할 때면 쉬지 않고 손톱과 주변의 살을 뜯었습니다. 삐죽 튀어나온 거스러미를 뜯을 때는 이상하리만큼 안도감이 들었습니다. 불안을 해소하는 방식이었던 것이지요. 이런 모습도 일종의 강박 행동으로 봅니다.

'내가 가스 불을 껐나?', '현관문을 잘 안 닫은 것 같은데…', '아까 사용한 전기 코드를 빼놓았는지 생각이 안 나네'같이 일상에서 누구나 할 수 있는 침투 사고는 우리 모두 경험할 수 있습니다. 침투 사고가 일시적으로 가끔 한두 번씩 일어난다면 병이라고 보지 않습니다. 정도가 심해지고 일상생활에 지장이 생긴다면 문제가 되는 것이지요. 만약 가스 불을 끄지 않고 나온 것 같다는 생각 때문에 반복해서 확인해야 한다면 일상생활에 지장을 줄 정도라고 할 수 있습니다.

미국정신의학회 진단 기준에 의하면 적어도 하루에 1시간 이상 강박 사고에 몰두하고 강박 행동이 지나쳐 어려움을 겪는다면 강박 장애를 의심할 수 있습니다. 강박 사고의 내용은 다양합니다. 앞서 말한 가스 불을 잘 껐는지 걱정하는 것뿐 아니라 오염이나 병균, 감염 등에 관한 두려움, 대칭과 순서에 대한 걱정, 무언가 잘못되었다는 생각의 반복, 누군가를 해치고 싶은 충동, 성과 관련된 생각, 중요한 어떤 것을 잃어버릴 것 같은 기분 등이 있습니다.

강박 사고는 불안, 우울, 죄책감 같은 불쾌한 기분을 일으킵니다. 이를 없애거나 감소시키기 위해 강박 행동이나 회피 행동을 하는 것이지요. 만약 침투적인 생각과 강박 행동으로 하루의 많은 시간을 쏟거나 일상생활에 지장을 받는다면 내재한 불안이 생각보다 크다고 볼 수 있습니다. 강박의 기저에는 불안이 숨어 있습니다. 불안으로 인해 강박적인 생각이 튀어 오르는 것이지요. 우리는 불안하면 상황이든 행동이든 생각이든 통제하려고 합니다. 찬욱 씨의 경우 오류를 계속 확인하면서, 즉 상황을 통제함으로써 불안을 감소시키려 했던 것입니다.

사람은 자신을 감싸고 있는 울타리 안에서 안심하는 존재입니다. 울타리가 없으면 불안하기 때문에 계속해서 울타리를 만들어 냅니다. 울타리의 다른 말은 통제입니다. 혹시 불안 때문에 자신에게 계속 울타리를 치고 있지는 않은가요? 자신이 만들어 낸 끝없는 통제 속에서 허우적거리고 있지는 않은가요? 그렇다면 울타리를 저 멀리 보내 줍시다. 강박 속에 자리 잡은 나의 불안을 알면 해결할 수 있습니다.

과도한
완벽주의 신념

● 희현 씨는 늘 혼자입니다. 아는 사람 중에 마음에 드는 사람이
없어 친밀한 관계를 맺지 않으려 하기 때문입니다. A는 성실
하지 않아 한심하고 B는 능력이 없어서 싫습니다. C는 정직하
지 않아 믿을 수 없고 D는 말이 많아 가까이 하기 싫고 E는 남
에게 피해를 주어 싫습니다. 주변을 돌아보면 싫은 사람뿐입
니다. 그런데 희현 씨는 이런 자신도 싫습니다. 스스로 성실하
지 못하거나 실수를 하면 자신을 비난합니다. 남에게 피해를
주었다고 생각하면 참을 수가 없습니다. 이런 자신을 좋아할
사람이 없을 것 같다고도 생각합니다. 희현 씨는 스스로 완벽
해야 한다고 믿습니다.

완벽주의란 완벽한 상태가 존재한다고 믿기 때문에 자신을
향해 높은 기준을 설정하는 마음의 상태를 뜻합니다. 즉 완벽
주의는 '실제로 완벽하다'는 뜻이 아니라 '완벽해야 한다는 신
념을 강하게 가지고 있는 상태'입니다.

완벽주의를 가진 사람들은 모든 일을 완벽하게 해내고 싶어
합니다. 그러다 보니 자신과 타인에 대한 엄격한 기준이 있고,
일이나 관계뿐 아니라 관습적이고 도덕적인 영역에서도 공공
장소에서는 조용히 해야 한다 등의 강한 신념을 지닙니다. 실

제로 완벽주의를 지닌 사람들은 성취를 이루고 사회적으로 인정받는 경우가 많습니다. 완벽하게 일을 처리하기 위해 무척 노력하기 때문이지요. 주변에서는 완벽주의 신념을 가진 사람들을 좋아하고 인정합니다. 이러한 결과가 보상이 되어 완벽주의자들의 완벽주의를 더 강화하기도 합니다.

완벽주의 신념을 가진 사람들의 문제는 바로 실패에 대한 면역력이 낮다는 것입니다. 이들에게 한 번의 실수나 실패는 깊은 상처로 남고 쉽게 회복되지 않습니다. 완벽주의자들은 일을 완벽하게 할 수 없으면 시작하지 않는 경향이 있습니다. 해야 할 일을 계속 미루거나 포기하기도 합니다. 완벽하지 않으면 성공했다고 보지 않기 때문입니다. 이들은 칭찬과 인정에 목말라 하면서도 정작 칭찬과 인정을 받을 때는 스스로 이를 인정하지 못하는 경우가 허다합니다. 어떻게 보면 채워도 채워지지 않는 밑 빠진 독 같지요.

희현 씨는 자신이 일하는 분야에서 인정받는 사람이었습니다. 능력도 있고 성실하고 도덕적이었지요. 하지만 희현 씨는 더 잘하기 위해, 모든 부분에서 완벽하기 위해 스스로 계속 채찍질했습니다. 그리고 이 기준을 타인을 바라볼 때도 똑같이 적용했습니다. 여기서 한 가지 의문이 들 수 있습니다. 단지 기준이 높은 것과 완벽주의의 차이는 무엇일까요? 정답은 '불안의 유무'입니다. 앞서 말했든 완벽주의의 기저에는 불안이 깔려 있습니다. 완벽하게 해내지 못하면 부정적인 평가를 받거나 큰일이 날 것이라는 불안이지요.

두 사람의 예를 들어 보겠습니다. A는 '대중교통을 이용할 때 시끄럽게 해서는 안 된다'는 생각을 가지고 있습니다. 반면 B는 이런 생각을 가지고 있지 않습니다. 둘 중에 누가 대중교통을 이용할 때 더 화가 많이 날까요? 정답은 A일 것입니다. A는 버스에서 큰 목소리로 통화하는 사람을 보거나 지하철에서 소리치며 떼쓰는 아이를 볼 때 화가 날 가능성이 큽니다. B는 시끄러운 대중교통 안에서도 화가 날 일이 적겠지요. 그럼 둘 중에 누가 대중교통을 이용할 때 더 불안하고 예민할까요? 이 질문에 대한 답 또한 A일 것입니다. A는 버스에서 중요한 전화를 받아야 할 때 큰 소리로 정확하게 통화할 수 없어 불안할 것입니다. 아이가 큰 소리를 낼까 봐 지하철을 함께 이용하지 못할 가능성도 있겠지요.

이처럼 화가 나고 불안해지는 이유는 대중교통에서 누군가가 시끄럽게 해서가 아니라 내 안에 자리 잡은 규칙과 규율 때문일 수 있습니다. '완벽하게 일을 처리하지 않으면 안 돼', '실수해서는 안 돼', '다른 사람들에게 피해를 주면 안 돼', '공공장소에서는 조용히 해야 해', '거짓말을 하면 안 돼', '약속은 무슨 일이 있더라도 지켜야 해'처럼 '~해야 한다', '~하면 안 된다' 같은 규칙과 규율은 우리를 사회적으로 더 성숙한 사람으로 만듭니다. 그런데 이런 규칙이 마음속에 너무 많이 자리 잡은 사람은 불안과 화를 더 쉽게 경험합니다. 지킬 규칙이 많다 보니 지키지 못할까 봐 불안하고 지키지 못하면 화가 나는 것이지요. 완벽주의를 가진 사람은 지켜야 할 규칙이 많습니다. 그들은 더 성숙한 사람이 되고 싶고, 모든 영역에서 좋은 사람이고 싶기 때문에 마음속의 규칙을 많이 만들어 냅니다.

물론 기능적으로 살아가는 완벽주의자도 있습니다. 그러나 불안이 완벽주의를 만들어 내고, 완벽주의가 또다시 불안을 가중하는 역기능적 완벽주의를 가지고 있다면 정말 이게 최선일지 생각해 볼 필요가 있습니다. 완벽한 상태는 존재하지 않습니다. 우리는 모두 이 사실을 알고 있습니다. 단지 머리로만 알 뿐이지요. 혹시 지금 완벽해지기 위해 아등바등하고 있나요? 하루에도 여러 차례 수많은 규칙과 규율로 인해 마음이 불안하고 힘들지는 않나요? 우리는 완벽하기보다 우리 그대로 온전해질 수 있습니다. 그리고 온전한 상태는 완벽한 상태가 존재하지 않는다는 사실을 인정하는 것으로부터 시작됩니다.

●◐◐○○

시선이 신경 쓰이고
죽을 것 같은
공황 상태가 돼요

사회 불안과
사후 반추 사고

● 인유 씨는 이제 막 입사한 신입 사원입니다. 코로나19로 인한
오랜 취업 준비 기간을 끝내고 어렵사리 회사에 들어갔지요.
인유 씨는 계속되는 불합격 소식에 스스로에 대한 자신감이
떨어진 상태였지만, 자기소개서를 쓰고 면접을 준비하던 때
에 비하면 사회생활은 즐거우리라 생각했습니다. 그런데 큰
복병이 기다리고 있었습니다. 회사에서 사람들과 마주치며
크게 긴장했기 때문입니다. 인유 씨는 회사 직원 모두가 자신
에게 주목한다고 느꼈습니다. 인사를 하거나 말을 할 때, 자

리에 앉아 있거나 화장실을 가려 움직일 때도 사람들의 시선이 느껴졌습니다.

하루는 선임의 질문에 긴장해 말실수를 했습니다. 다시 생각해도 왜 그런 대답을 했는지 스스로도 당황스러웠습니다. 인유 씨는 그 순간 달라진 선임의 눈빛을 보았고 이후 극도로 불안해졌습니다. 회사 사람들의 눈치를 보고 퇴근 후에는 오늘 회사에서 실수한 일이 없었는지 자신의 말과 행동을 되돌아보며 문제점을 찾았지요. 인유 씨는 점점 회사에 가기가 두려워졌습니다. 자신의 실수가 소문이 나 결국 회사 모든 직원이 자신을 싫어할 것이라는 확신이 들었기 때문입니다. 여러 생각이 꼬리에 꼬리를 물어 어렵게 입사한 회사에서 퇴사하는 경우의 수까지 생각했습니다.

인유 씨가 경험하고 있는 증상은 사회 불안입니다. 사회 불안은 다른 사람들이 나를 주목하거나 관찰하고 평가하는 상황에서 긴장, 불안, 공포를 느끼는 것입니다. 다른 사람들이 자신을 부정적으로 평가하고 싫어할까 봐 불안해하기도 합니다. 사회 불안을 크게 경험하는 사람들은 사회적 상황에서 긴장하고 민감해져 결국 사회적 상황을 회피합니다.

취업 준비 기간 동안 반복된 불합격 소식에 위축되었던 인유 씨는 취업 후에도 사람들의 시선을 과도하게 신경 썼습니다. 신입 사원이라는 이유로 모두에게 관찰당한다고 생각해 늘 긴장했고, 자신을 쳐다보면서 인사하는 사람들의 시선조차 부담으로 느꼈습니다. 과도한 긴장으로 말실수까지 했지요. 인유 씨의 사회 불안은 악화되었고 끝없는 상상은 결국 퇴사하고 싶다는 생각으로 흘러갔습니다. 보통 사람들도 불안이 발생하면 사회적인 시선과 평가에 민감해집니다. 자신의 말과 행동이 부정적으로 평가당할 것이라는 불안한 마음이 들고, 다른 사람들이 나를 좋아하지 않을 것 같다는 확장된 생각을 하지요.

그런데 사회 불안을 경험하는 사람들은 사후 반추 사고까지 하는 경향이 있습니다. 사후 반추 사고란 자신의 말과 행동을 부정적으로 곱씹어 생각하며 자기를 더욱 부정적으로 생각하는 것입니다. 인유 씨 역시 사후 반추 사고 증상을 보이고 있었습니다. 집에 돌아가 오늘 있었던 일을 시뮬레이션하듯 되돌아보며 실수가 없었는지 불안해하고 후회하고 걱정했으니 말입니다. 사회 불안을 경험하는 사람들은 흔히 이런 말을 합니다.

"남들이 다 나를 쳐다보고 주목하고 있는 느낌이에요."

"사람들의 시선이 창처럼 날아와 가슴에 박히는 것 같아요."

"제 얼굴을 보고 못생겼다고 생각하는 것 같아요."

"나를 이상하게 바라보고 나에 대해 안 좋게 이야기하는 것 같아요."

불안한 사람의 인지적 주의 처리 과정을 설명한 '경계 회피 가설'에 따르면 사회 불안을 경험하는 사람들은 표정, 말투, 목소리 같은 사회적 단서를 과하고 빠르게 탐색해 과잉 경계하는 경향이 있습니다. 이 때문에 불안이 높게 상승해 결국 사회적 상황을 회피하는 패턴을 보이지요.

사회 불안을 경험하는 사람들은 인지 왜곡 증상도 흔히 겪습니다. 위험과 위협을 과도하게 지각하거나 잘못 지각하는 경향도, 귀인의 오류도 발생하지요. 예를 들어 우연히 눈이 마주친 상황에서 사회적으로 불안한 사람은 상대방이 자신을 예의 주시했기에 눈이 마주쳤다고 생각할 수 있습니다. 회사에서 두 사람이 작은 소리로 이야기를 나누는 모습을 보고 나에 대해 안 좋은 이야기를 한다고 오해석할 수도 있습니다. 웃음조차 비웃음으로 느낄 수 있지요. 이러한 인지 왜곡은 불안에서 생겨납니다. 즉 심한 불안 때문에 위험과 위협을 과도하게 지각하고 때로는 잘못 해석하는 것이지요.

불안을 경험하면 다가올 사건에 대해 과거 경험과 기억을 적용해 위협적으로 인식할 때도 많습니다. 사실 인유 씨는 과거 또래 관계에서 배척되고 소외당한 경험이 있었습니다. 중학교 2학년 때 친하게 어울리던 친구들과 작은 오해가 번져 무리에서 왕따를 당했지요. 당시 인유 씨는 무리뿐 아니라 반

전체의 놀림거리가 되었습니다. 즉 인유 씨는 입사 후 사회적인 불안이 높아지자 과거의 경험과 기억을 현재의 상황에 적용한 것입니다. 과거 친구들의 눈빛, 표정, 수군거리는 말투가 입사 후 직원들의 눈빛, 표정, 말투와 겹쳐 보여 실제보다 위협적으로 받아들였지요.

인유 씨는 회사 사람들과 잘 지내고 싶은 마음, 일을 잘하고 좋은 사람으로 인식되고 싶은 마음이 컸습니다. 하지만 과거의 두려웠던 기억이 현재 만나는 회사 동료들과의 관계에 영향을 줘 불안이 증폭되었습니다. 혹시 평소보다 다른 사람들의 시선이 의식되거나 부정적인 평가를 당할까 봐 걱정이 많아지지 않았나요? 여러분에게도 현재 불안이 찾아오지 않았는지 늘 마음을 잘 살펴보기 바랍니다.

공황 발작과
진단 기준

● 석현 씨는 며칠 전 응급실에 다녀왔습니다. 살면서 한 번도 경험하지 못한 강렬한 공포를 경험했기 때문입니다. 분명히 몸에 어떤 문제가 있다고 생각했는데 여러 검사를 마친 의사는 이를 부정했습니다. 다만 조용히 정신건강의학과 방문을 권유했지요. 정신건강의학과 방문은 내키지 않아 일단 상담

소를 찾은 석현 씨는 이렇게 말했습니다.

"평소처럼 집에 가는 길이었어요. 버스 안에 앉아 있는데 갑자기 식은땀이 나고 가슴이 조이면서 두근거리기 시작했어요. 숨을 쉬려고 해도 잘 쉬어지지 않고 어지러우면서 꼭 죽을 것 같은 느낌이었어요. 정말 죽을 뻔했다니까요!"

여러분은 공황 발작을 경험한 적이 있나요? 이 물음에 "네"라고 답하는 사람은 아마 정말로 공황 발작을 경험했을 것입니다. 반면 "잘 모르겠어요"라고 답하는 사람은 정말 공황 발작을 경험하지 않았을 가능성이 큽니다. 공황 발작은 아주 강렬한 불안과 공포를 주기 때문에 이를 겪었다면 모를 리 없기 때문이지요.

공황 발작의 진단 기준은 이렇습니다. 극심한 공포와 고통이 갑작스럽게 발생해 수분 이내에 최고조에 이르며, 13가지의 생리적, 인지적 증상 중 네 가지 이상이 나타나야 하지요. 13가지 증상은 가슴 두근거림, 발한, 몸이 떨림, 숨이 가쁘거나 답답한 느낌, 질식한 것 같은 느낌, 가슴 불편감, 메스꺼움, 어지럽거나 멍한 느낌, 춥거나 화끈거리는 느낌, 감각 이상, 현실이 아닌 것 같은 느낌, 스스로 통제할 수 없거나 미칠 것 같은 두려움, 죽을 것 같은 공포입니다. 이러한 증상들이 짧은 순간에 몰아치니 공황 발작을 경험했다면 모를 수 없는 것이지요.

그런데 공황 발작 자체는 불안의 표현일 뿐 정신 질환이 아닙니다. 놀랍게도 누구나 겪을 수 있는 증상이기 때문이지요. 건강한 사람도 일생 동안 공황 발작을 경험할 확률이 약 30%나 된다고 합니다. 저도 대학생 때 강의를 듣다가 갑작스럽게 공황 발작을 겪었습니다. 무슨 일인가 싶어 병원에서 다양한 검사를 받았지만 이상 소견은 없었습니다. 그 이후로 지금껏 아무 일도 일어나지 않았지요. 만약 공황 발작이 한 달 이상 반복적으로 일어나고, 이로 인해 지속적인 걱정을 하거나 일상생활에 제한이 생기는 부적응적 변화가 생겼다면 공황 장애로 진단합니다.

앞서 말한 13가지 증상 중 네 개 미만 혹은 약한 수준의 공포와 고통을 느끼는 수준이라면 제한적 공황 발작이라 부릅니다. 극심한 공포와 고통까지는 아니지만 몇 개의 잔잔한 신체적 증상을 겪는 경우지요. 예를 들면 특별한 이유 없이 심장이 두근거리거나 심장이 조이고 숨이 가빠지는 상태, 속이 메스껍고 식은땀이 나는 상태가 반복됩니다. 이처럼 죽을 것 같은 공포는 아니지만 약한 수준의 증상이 반복되는 상태 또한 공황의 스펙트럼에 속합니다. 스트레스를 잘 조절하지 않으면 더 심한 공황 발작으로 이어질 수 있는 상태지요.

일반적으로 공황 발작을 경험한 사람들은 극심한 공포로 응급실에 방문하거나 인터넷에 증상을 검색해 자신의 상태를 알아차립니다. 신체적인 증상 때문에 심장내과, 호흡기내과 등다른 과를 돌고 돌다가 원인이 잡히지 않아 결국 정신건강의학과로 의뢰되어 오는 경우도 허다합니다. 몸에 증상은 나타나는데 원인이 보이지 않는 상황, 즉 마음에 문제가 있는 상태이기 때문이지요. 공황은 앞서 말한 자율 신경계의 불균형으로 인해 생겨납니다. 자율 신경계는 교감 신경계와 부교감 신경계으로 나뉘며, 서로 반대 작용을 하면서 우리 몸의 균형을 맞춥니다. 위험이 발생할 때는 교감 신경계가 작동합니다.

우리 앞에 갑자기 커다란 호랑이가 나타났다고 상상해 봅시다. 이때 우리의 심장은 두근거리고 숨쉬기가 어려워질 것입니다. 교감 신경이 흥분해 호흡이 빨라지고 식은땀이 나며 죽을 것 같은 공포를 느끼겠지요. 반면 소파에 앉아 편안하게 휴식을 하고 있다면 부교감 신경이 작동해 심장 박동 수가 가라앉고 몸이 이완될 것입니다. 그런데 공황 발작을 반복적으로 경험하는 사람들은 교감 신경계가 지나치게 활성화된 상태입니다. 즉 실제로는 내 앞에 호랑이가 나타나지 않았는데 뇌는 호랑이가 나타난 것처럼 움직입니다. 편안한 상태에서도 몸이 위험한 긴급 상황이라는 신호를 보내 결국 극심한 공포에 휩싸이지요.

공황의 생리적인 부분을 살펴보았으니 이번에는 심리적인

부분을 다루겠습니다. 저는 공황으로 힘들어하는 분들에게 이렇게 말합니다.

"공황은 마음에 과부하가 걸려 몸으로 표현되는 것입니다."

과부하란 '정해진 범위를 넘어서 버티지 못하는 것'입니다. 즉 실제 나는 심리적으로 부담이 너무 커서 버티지 못하는 상황인데, 스스로 이를 알아차리지 못할 때 몸이 경고해 주는 것이 공황입니다. "지금 간당간당한 상태이니 조심해. 스트레스를 줄이지 않으면 정말 큰일 날 거야!" 하고 말입니다. 만약 이유 없이 어떤 신체적인 증상이 지속되거나 강렬한 불안을 느낀다면 자신을 천천히 돌아보기 바랍니다. 오직 나만이 내 마음의 역치를 알아줄 수 있기 때문입니다.

6장

지금
불안을
가라앉히고
싶다면

효과적인
네 가지 마음 단련법

●●◐○○

바로
해 볼 수 있는
불안 회복법

사람들은 불안을 그저 성격적인 특질로 이해합니다. 불안을 심각한 문제로 여기지 않고 방치할 때가 많지요. 결국 걷잡을 수 없이 커진 불안을 안고 병원이나 상담소를 찾습니다. 하지만 지금이라도 내 불안을 알아차리고 관리하면 얼마든지 회복할 수 있습니다. 불안은 아직 오지 않은 미래에 마음이 머물러 끊임없이 걱정하고 통제하는 모양이었습니다. 불안에서 빠져나오려면 현재에 마음이 머물러야 합니다. 여기서는 불안에 더 효과적이라고 알려진 마음 관리법을 소개하겠습니다. 이는 실제 불안으로 힘들어한 내담자들과 상담실에서 나눴던 대처 방법들입니다.

불안하면 교감 신경계가 지나치게 활성화되어 심장이 두근거리거나 숨을 쉬기가 어려워지고, 호흡이 빨라지거나 공포감이 들 수 있다고 했습니다. 가장 먼저 소개할 방법은 각성과 긴장 수준을 낮추고 몸을 이완하는 훈련입니다. 마음 챙김과 명상으로 현재에 집중하고 호흡과 근육 이완을 통해 불안을 가라앉히는 방법을 배울 것입니다. 지금 이 순간, 여기에 내가 산다는 것을 인식하는 것이지요. 다음으로는 꼬리에 꼬리를 무는 걱정을 끊어 내기 위한 방법을 소개하겠습니다. 어떤 사건이 일어날 가능성과 심각성을 과장하는 생각의 오류를 수정하는 것도 불안을 잠재우는 데 도움이 됩니다. 하고 싶지 않은 생각이 떠오를 때는 이를 억제하고 통제하기보다 그냥 내버려 두는 것이 좋지요. 이 네 가지 마음 단련법을 통해 미래가 아닌 현재에 마음을 둘 수 있을 것입니다.

사실 이 방법들은 불안뿐 아니라 우울을 경험하는 사람에게도 도움이 됩니다. 여러분의 상태와 상황에 맞추어 스스로에게 모두 적용해 보기 바랍니다. 이제 구체적인 방법들을 하나씩 살펴보겠습니다.

● ● ● ○ ○

현재에
집중하는
마음 챙김과 알아차림, 명상

마음 챙김은 불교 수행 전통에서 기원한 심리학 개념으로, '현재의 순간을 있는 그대로 수용적인 태도로 자각하는 것'이라는 뜻입니다. 심리적 수용과 유연성 증진을 목적으로 하는 인지 행동 치료의 최신 흐름인 수용 전념 치료ACT에서도 핵심적으로 다루는 개념이지요. 사실 마음 챙김과 알아차림은 우울과 불안 모두에 적용하는 방법이지만 여기서는 불안에 매우 효과적이었던 예를 살펴보겠습니다. 먼저 마음 챙김과 알아차림의 개념부터 설명하겠습니다.

마음 챙김의 정의는 학자마다 다릅니다. 마음 챙김에 근거한 스트레스 감소 클리닉을 운영하는 존 카밧진은 마음 챙김을 현재 순간에 비판단적으로 주의를 기울이는 것으로 정의했습니다. 마음 챙김과 명상을 연구한 말렛과 크리스텔러는 매 순간의 경험에 완전한 주의를 기울이는 것으로 보았지요. 마음 챙김의 어머니로 불리는 랑거는 마음 챙김을 새로운 정보에 개방적인 태도를 지니며, 한 가지 관점에 매이지 않고 사물을 지각하는 인지적 과정이라고 정의했습니다. 마음 챙김에 기반한 스트레스 완화를 연구한 마틴은 주의가 특정한 견해에 집착함 없이 조용하고 유연할 때 일어나는 심리적 자유의 상태라고 말했습니다. 여러 정의에서 공통적인 부분을 정리하면 마음 챙김이란 '현재 순간을 있는 그대로 수용적인 태도로 자각하는 것'이라고 할 수 있습니다.

만약 여러분의 머릿속에 '그래서 그게 대체 무슨 말이지?'라는 생각이 떠올랐다면 이는 아주 일반적인 반응입니다. 저도 몇 번이나 마음 챙김을 듣고 배우고 나서야 아주 조금씩 이 개념을 이해했으니까요. 현재 순간의 경험을 판단하지 않고 있는 그대로 수용한다는 것은 무슨 뜻일까요? 마음 챙김은 하늘을 바라보듯이 그저 내 마음과 생각을 평가하지 않고 들여다보는 것입니다. 예를 들면 좋다, 나쁘다는 평가 없이 그저 '하늘이 파랗네' 하고 들여다보는 것이지요. 무슨 뜻인지 모르겠다고요? 조금 더 자세하게 이야기하겠습니다.

마음 챙김과 알아차림으로
현재에 머무르기

마음 챙김을 수행하는 데 필요한 개념은 '알아차림'입니다. 알아차림이란 '자신의 삶에서 현재 일어나고 있는 중요한 현상들을 방어하거나 피하지 않고 있는 그대로 지각하고 체험하는 행위'입니다. '나에게 이런 일이 일어나고 있구나', '나는 이렇게 느끼고 있구나' 하고 지금 벌어지는 일들을 그대로 경험하고 지각하는 것이지요. 알아차림이 뒷받침되어야 마음 챙김을 할 수 있습니다.

예를 들어 보겠습니다. 지금 여러분은 책을 쥐고 있습니다. 책을 보니 흰 종이 위에 작은 활자로 글이 쓰여 있습니다. 이때 '종이는 흰색이고, 활자가 작다'같이 감각과 현상에 주의를 기울이는 것은 알아차림입니다. 그럼 이번에는 누군가가 '종이가 너무 흰색이라 눈이 아프다', '글자가 작아서 불편하다'처럼 현재의 경험에 판단이 들어간 생각을 한다고 해 봅시다. 마음 챙김은 현재 순간을 비판단적으로 수용하는 것이라고 했습니다. 따라서 종이가 흰색이어서 '어떻네'가 아니라 종이가 흰색이라는 것에 집중해야 합니다. 글자가 작아서 '어떻다'가 아니라 글자가 작다는 사실에 주의를 기울이는 것이지요.

즉 활자가 작다는 것을 발견하는 것은 알아차림, 이 알아차림에 의도적으로 집중하는 과정이 마음 챙김입니다. 마음 챙김이라는 넓은 개념 안에 알아차림이라는 기술이 있는 것이지요. 따라서 지속적인 알아차림이 뒷받침되어야 마음 챙김이 가능합니다. 중요한 점은 우리의 눈에 보이는 풍경, 소리 같은 외부 상태뿐 아니라 내 생각, 감정, 몸의 감각 같은 내부 상태를 알아차리는 것입니다. '나 지금 불안하네', '내 몸이 떨리고 있네'처럼 지금 일어나는 현상을 있는 그대로 지각하고 체험해야 하지요. 알아차림의 방식에는 옳고 그름이 없습니다. 어떤 경험을 수정하거나 판단하는 것이 목표가 아니기 때문에 현재 경험하는 것을 단지 스스로 알아차리기만 하면 됩니다.

지금 여기에 집중하면
실제와 허상을 구분할 수 있습니다

지금 여기에 집중하는 마음 챙김의 반대말은 자동 조종입니다. 자동 조종은 걱정, 계획, 공상 같은 인지적 과정에 자각 없이 자동적으로 관여하고 행동하는 것입니다. 예를 들면 익숙한 길을 운전하거나 이를 닦는 것같이 '의식적으로 자각하지 않은 채 행동하는 것'입니다. 반복해서 습관이 된 어떠한 행동을 무의식적으로 하는 것이지요. 자동 조종은 우리가 일상의 수많은 일을 수행할 때 유용하지만 이 때문에 오히려 부적절한 반응을 할 때도 있습니다. 과거와 비슷한 상황에서 나도 모르게 자동적으로 과거와 비슷한 반응을 보이곤 하지요. 이것이 곧 우리의 행동 패턴으로 굳어집니다. 호연 씨의 경우를 살펴보겠습니다.

호연 씨는 어린 시절부터 부모님이 다투는 장면부터 이혼을 하는 상황까지 지켜보았습니다. 어린 호연 씨는 부모님이 큰 소리로 싸울 때마다 불안했고 그럴 때면 버림받을까 봐 두려웠습니다. 그런데 성인이 되어 연인을 만나자 비슷한 감정이 되풀이되었습니다. 연락이 오지 않으면 버려질 것 같은 불안감에 휩싸였고, 서운한 일이 있어도 관계가 끝날까 봐 두려워 늘 참았습니다. 호연 씨는 남자 친구와 연락이 닿지 않는 상황이 너무나 불안하고 초조해 상담소를 찾았습니다.

이때 호연 씨가 판단 없이 현재 순간에 머무른다는 것은 어떤 모습일까요? '지금 연락이 안 되네', '나 지금 버림받을까 봐 걱정하고 있구나' 하며 현재의 순간에 몰입하는 것입니다. 지금 이 순간 상황과 마음을 알아차리면 내가 만들어 낸 허구적인 서사와 내가 직접 경험한 실재를 구별할 수 있습니다. 현재 내가 경험하는 실재는 연락이 조금 늦어 휴대폰을 바라보고 있는 상황이지 연인에게 버림받은 상황이 아닙니다. 관계가 끝날까 봐 불안한 마음은 과거에 경험했던 부모님의 모습과 비슷한 상황에서 나오는 자동적인 반응일 뿐 다시 연인을 만나면 해결되고 사라지는 마음이지요.

자동 조종의 상태에서 벗어나 마음 챙김을 하면 지금 내가 경험하는 고통이 실제로는 허상이며 존재하지 않는다는 것을 발견할 수 있습니다. 지금과 다른 모양인 과거를 자꾸 들여다보며 더욱 괴로워하거나 '똑같이 이런 일이 일어날 거야!' 하며 불안의 소설을 쓰는 일을 멈출 수 있습니다. 호연 씨는 마음 챙김과 알아차림으로 실제와 허상을 구분하며 불안을 줄여 나갈 수 있었습니다.

알아차림과 마음 챙김을 훈련할 수 있는 좋은 방법은 명상입니다. 지금 바로 조용히 앉아 자신의 호흡에 집중하고 내 생각에 주의를 기울이면 수많은 생각이 떠오릅니다. 현재 느껴지는 감각이거나 좋다 나쁘다 등의 판단, 허상 혹은 과거의 경험으로부터 나온 자동 조종 상태의 생각들이겠지요. 그 곁가지를 쳐내고 지금 여기의 감각에 집중하면 소란하고 복잡했던 마음이 잠잠해질 것입니다. 마음이 단순해지지요. 그리고 지금 이 순간이 생각만큼 나쁘지 않은 상태임을 알아차릴 것입니다.

두근거림과
호흡을 가라앉히는
이완 훈련

이완 훈련은 불안을 감소하는 데 효과적인 방법 중 하나입니다. 이는 인지 행동 치료에서 사용하는 방법으로 앞서 설명한 명상과 함께 실시하기 좋은 방법입니다. 과각성된 몸의 상태를 이완하는 작업은 불안을 감소하는 데 큰 도움이 되지요. 이완 훈련의 기본은 호흡입니다. 아마 여러분은 복식 호흡에 대해 들어 보았을 것입니다. 복식 호흡이란 숨을 들이마실 때 코와 입뿐 아니라 횡격막을 사용하는 호흡법으로, 이를 통해 깊고 느린 숨을 들이마시고 내쉴 수 있습니다. 복식 호흡은 부교감 신경을 강화해 혈압과 심장 박동 수를 안정시키며 신체의 긴장을 낮추어 줍니다.

첫 번째,
호흡 훈련

먼저 호흡 훈련입니다. 코로 숨을 들이마실 때는 배가 부풀어 오르고, 입으로 숨을 내쉴 때에는 배가 납작해지도록 깊게 호흡해야 합니다. 숨을 들이마실 때는 속으로 '하나' 하고 숫자를 세고, 숨을 내쉬면서는 '편안하다'라고 속으로 말합니다. 호흡 훈련은 하루 2회, 한 번에 10분 이상 매일 해야 나의 몸에 익숙해집니다. 다음은 호흡 훈련의 순서입니다.

1. 조용하고 안락한 장소에서 실시하세요.
2. 가슴은 가만히 두고 배로 숨을 쉬세요. 즉 복식 호흡이어야 합니다. 이때 한 손은 가슴에, 다른 손은 배 위에 올려놓으세요.
3. 코로 숨을 들이마시면서 속으로 '하나', 내쉬면서 '편안하다'라고 말하세요. '열'까지 세고 나면 다시 거꾸로 '하나'까지 헤아리세요.
4. 자신의 호흡과 숫자를 헤아리는 데 정신을 집중하세요.
5. 부드럽게 호흡하면서 정상적인 호흡 횟수와 깊이를 유지하세요.

두 번째,
점진적 근육 이완법

점진적 근육 이완법은 생리학자 에드먼드 제이콥슨이 개발한 방법으로, 우리 몸의 근육을 하나하나 긴장시켰다가 이완시키는 훈련입니다. 불안이 높게 상승하면 근육도 긴장하는데 이때 긴장된 근육을 이완하면 불안이 가라앉는다는 원리에서 비롯된 방법이지요.

점진적 근육 이완법은 조용하고 편안한 장소에서 시작합니다. 몸을 편안한 상태로 만든 후 16개 근육군으로 나누어 하나씩 연습합니다. 혹시 시간이 많이 걸린다면 8개 근육군으로 진행해도 좋습니다. 잠시 숨을 멈추고 약 10초간 근육을 최대한 긴장시킵니다. 이때 긴장된 느낌을 기억해 봅니다. 다음으로 긴장시켰던 근육의 힘을 빼면서 약 20초간 이완합니다. 이때는 마음속으로 '편안하다'라고 이야기합니다. 근육이 긴장될 때와 이완될 때의 상반된 느낌을 기억하면서 모든 근육군을 차례로 긴장시키고 이완시킵니다. 근육을 최대한 긴장시켰다가 이완시키는 편이 좋습니다. 진자 운동을 하는 시계추가 한쪽으로 높이 올라갈수록 반대로 크게 튀어 올라가는 것처럼 몸이 많이 긴장될수록 더 깊이 이완되기 때문입니다. 점진적 근육 이완법도 하루 2번씩 매일 훈련하는 것이 좋습니다. 다음은 근육군의 분류와 점진적 근육 이완법의 순서입니다.

16개 근육군	8개 근육군
1, 2 팔꿈치 아래 (오른쪽, 왼쪽)	1 팔 근육 전체
3, 4 팔꿈치 위 (오른쪽, 왼쪽)	2 다리 근육 전체
5, 6 무릎 아래 (오른쪽, 왼쪽)	3 복부
7, 8 무릎 위(허벅지) (오른쪽, 왼쪽)	4 가슴
9 배	5 어깨
10 가슴 주위	6 목
11 어깨	7 눈
12 목	8 이마
13 입, 턱, 목구멍	
14 눈	
15 이마 아래쪽	
16 이마 위쪽	

1. 조용한 장소에서 편안한 의자나 침대를 이용하세요.

2. 꽉 끼는 옷을 헐겁게 하고 팔과 다리를 편하게 놓으세요.

3. 근육근을 10초간 긴장시키고 20초 동안 이완하세요.

4. 모든 근육군을 연습하면서 긴장하고 이완하는 감각에 집
   중하세요.

5. 16개 근육군을 마치고 나서 깊은 이완에 도달하기 위해
   '하나'에서 '다섯'까지 세어 보세요. 2분간 천천히 복식 호
   흡하면서 숨을 내쉴 때마다 '편안하다'라고 생각하세요.
   깨어날 때는 '다섯'에서 '하나'까지 거꾸로 세어 보세요.

6. 일주일 동안 하루 2번씩 연습하세요.

7. 자신의 훈련 내용을 계속 기록하세요.

이완 훈련은 말 그대로 훈련이기 대문에 내 몸이 이완에 익숙해지도록 반복적으로 연습해야 합니다. 이 말은 곧 불안한 상황뿐 아니라 평소에도 훈련해야 불안이 높게 상승하는 순간에 이완된 상태를 이끌어 낼 수 있다는 뜻이지요. 지금 당장 여러분에게 불안이 엄습하는 상황에서는 심장이 빠르게 뛰고 근육이 긴장하기 때문에 호흡도, 이완도 잘 이루어지지 않을 것입니다. 그러니 평소 긴장하지 않은 상태에서 반복적으로 훈련해 이완을 여러분의 것으로 만들기 바랍니다. 긴장과 이완이 반복되어 연합되면 불안이 여러분을 찾아오는 순간에도 이완 상태를 경험할 수 있을 테니까요.

꼬리에 꼬리를 무는
걱정을 끊어 내는
과장 줄이기

불안한 사람들의 특징은 꼬리에 꼬리를 무는 걱정 사고를 아주 많이 한다는 것입니다. 불안이나 공포를 느낄 만한 특정한 대상이 없더라도 머릿속에 둥둥 떠다니는 걱정스러운 생각들 때문에 몸도 마음도 언제나 긴장 상태지요. 사실 불안한 생각의 내용은 어딘가에서 언젠가 일어날 가능성이 조금은 있습니다. 누구나 불편해하고 불쾌할 만한 상황을 염려하며 불안해한다는 뜻이지요. 그러나 이를 과장해서 생각하는 것은 불안의 대표적인 증상입니다. 가장 먼저 소개할 불안한 생각의 유형은 과대평가입니다.

과대평가와
발생 가능성 따져 보기

과대평가란 어떤 사건이 일어날 가능성을 과장하는 것입니다. 과대평가를 하는 사람들은 통계적 사실과 이성적 사고에 근거해 생각하지 않습니다. 감정과 막연한 느낌, 소설이나 영화 같은 이야기에 크게 영향을 받아 사고합니다. '두통이 지속되는 걸 보니 뇌종양인 것 같아', '아무도 나랑 친해지고 싶어 하지 않을 거야' 같은 생각들은 과대평가의 예입니다. 이런 사건들의 발생 가능성은 아예 없지 않지만 확실하게 있지도 않습니다. 그런데 머릿속으로 그 일이 일어날 가능성을 과장하는 것이지요. 과대평가의 오류를 보이는 사람들은 무관한 사건들을 연관 지어 생각하기도 합니다. 예를 들어 자신이 비행기를 타면 사고가 날 가능성이 더 높아진다고 생각하지요. 사실 내가 비행기를 타는 사건과 사고 발생은 전혀 관련이 없는데도 말입니다.

과대평가를 많이 해 불안한 사람들은 실제로 그런 일이 일어날 가능성을 파악해 보면 좋습니다. 만약 두통이 올 때마다 뇌종양이 아닌지 걱정하는 사람이라면 실제로 뇌종양이 생길 가능성을 따져 보는 것이지요. 뇌종양의 유병률을 검색해 보거나 실제로 병원에서 검사를 해 봐도 좋습니다. 뇌종양에 걸릴 확률을 계산해 보는 것도 도움이 됩니다. 두통만으로 뇌종양의 가능성을 생각한다는 것이 과도한 평가라는 사실을 알수 있겠지요.

또 '내가 비행기에 타면 사고가 날 것'이라고 과대평가하는 사람이 있다면 실제로 비행기에 탈 때 사고가 나는지를 지켜보면 됩니다. 자신이 비행기에 탔을 때 사고가 났는지 돌아보고, 가까운 사람들이 비행기를 탈 때 사고가 나는지를 관찰해보면 됩니다. 혹은 비행기 사고의 확률을 찾아봐도 좋습니다. '사고가 날 것'이라는 과대평가한 결과의 증거를 모아 보는 것이지요. 실제로 그런 일이 발생할 가능성이나 확률을 따져 보면 과대평가의 사고 유형을 가진 사람들도 자신의 사고가 한쪽으로 치우쳤다는 사실을 깨닫습니다. 여러분도 불안한 생각이 크게 찾아올 때마다 과대평가의 오류를 점검한다면 생각을 조절할 수 있을 것입니다.

재앙화 사고와
탈재앙화 방법

또 다른 불안한 생각의 유형 중 하나는 재앙화(파국화)입니다. 재앙화란 실제로는 그렇지 않은 특정 사건을 큰 재앙을 일으키는 사건이라고 믿는 것입니다. 즉 어떤 사건의 결과를 비극적으로 과대평가하고, 그 일이 벌어지면 너무나 끔찍해서 스스로는 아무것도 할 수 없다고 생각하지요.

과대평가가 사건이 일어날 '가능성'을 과장하는 것이라면 재앙화는 사건의 '심각성'을 과장하는 것입니다. '내가 약속 장소에 제시간에 도착하지 못하면 이 일을 계기로 친구가 나를 싫어해서 인연을 끊을지도 몰라', '비행기에서 공황이 온다면 정말 죽을지도 몰라. 어떤 방법으로도 손을 쓸 수 없을 거야', '발표에서 실수한다는 건 너무 끔찍해. 실수를 한다면 나는 미쳐버리고 말 거야'처럼 어떤 사건의 결과를 결국 재앙으로 끝내는 것이지요. 재앙화 사고의 흐름은 이렇습니다.

'중요한 발표에서 실수할까 봐 불안해. 불안하면 얼굴이 빨개지고 목소리가 떨릴 거야. 그러면 숨도 잘 쉬어지지 않고 호흡도 가빠져서 더 실수를 많이 하겠지. 이걸 본 회사 동료들은 나를 이상하게 바라볼 거야. 그리고 주변 사람들 사이에서 소문이 나겠지. 나를 미쳤거나 어딘가에 장애가 있는 사람으로 취급할 거야. 결국 나는 그 시선을 견디지 못하고 회사를 그만둘 수도 있어. 아니, 회사가 나를 먼저 쫓아내지 않을까? 그럼 이후에는 이직을 할 수 있을까? 레퍼런스 콜도 영향을 줄 테고 나를 뽑아 주는 곳은 어디에도 없을 것 같아. 그럼 나는 돈도 못 벌고 실패자로 살아가겠지. 그러다가 나도 자살을 생각하면 어떡하지….'

실수하는 것에 대한 작은 불안이 눈덩이가 불어나듯 순식간에 커져 '실패자'와 '자살'이라는 생각으로 이어지는 재앙화 사고입니다. 특히 공황 장애를 가진 사람들이 이러한 사고를 많이 보이지요.

재앙화 사고를 많이 하는 사람에게는 탈재앙화라는 작업이 도움이 됩니다. 재앙화가 사건의 심각성을 과장하고 부풀려 스스로 대처할 수 없다고 가정하는 것이라면, 탈재앙화란 말 그대로 재앙이라고 여기는 사고에서 벗어나는 것입니다. 쉽게 말하면 부정적인 상황에 맞설 수 있다는 것을 깨닫고, 한쪽으로 치우친 사고가 균형을 이루도록 관점을 되돌리는 작업입니다. 부정적인 상황의 심각도가 정말로 재난이나 재앙의 정도인지를 재조명하는 과정이지요. 탈재앙화란 억지로 좋게 생각하는 것이 아니라 사실을 정확히 보는 훈련입니다.

조금 전 살펴본 실수에 대한 재앙화 사고, 즉 '중요한 발표에서 실수하면 사람들은 나를 미쳤다고 생각할 테고, 나는 결국 실패자가 되어 자살을 생각할 거야'라는 재앙화 사고에 대해 탈재앙화를 해 보겠습니다.

'실수할까 봐 불안해서 얼굴이 빨개지고 목소리가 떨리면 정말 사람들이 나를 이상하다고 생각할까? 그 순간이 너무 수치스럽고 고통스러울 가능성은 있겠지. 근데 그게 나에게 어떤 영향을 주지? 나는 단지 발표하는 1시간 정도 불안하다가 또다시 가라앉을 테고 사람들은 긴장해서 떤다고 생각하겠지.

그걸 본 사람들이 정말 나를 미쳤다고 생각하거나 장애가 있다고 생각할까? 만약 그런 사람이 있다면 그 사람이 이상한 거지. 만약 실수 때문에 누군가 나를 특이한 사람이라고 생각하더라도 그것 때문에 나를 회사에서 쫓아낼까? 그게 가능한 일일까? 그렇다면 내가 어떻게 대처할 수 있지? 부당 해고에 대해 노무사의 조언을 구할 수 있을 거야. 발표 실수 때문에 이직도 못하고 실패자가 된다는 건 재앙화 사고구나. 내가 실수를 할까 봐 불안해서 더 실수를 저지른다 해도 사실 그뿐이네. 그게 나에게 어떤 치명적인 영향을 주는 것은 아니구나.'

이렇게 탈재앙화를 통해 우리는 지금의 불안한 상황을 정확히 바라볼 수 있습니다. 탈재앙화가 어렵다면 불안한 생각의 끝을 타고 가 봐도 좋습니다. 앞선 예에서는 실수에 대한 불안이 자살을 생각하는 데까지 이어졌지요. 그렇다면 불안한 생각의 끝에 '그래서 내가 가장 두려워하는 결과는 뭐지? 이 상황에서 일어날 수 있는 최악의 일은 무엇이지?'라고 질문해 봅시다. 그러고 나면 발표 실수 같은 사소한 일이 자살이라는 재앙과 전혀 관련이 없다는 사실을 깨달을 것입니다. 조금 더 객관적이고 합리적인 사고로 돌아오는 것이지요. 불안의 끝을 타고 가 보면 정작 불안의 실체를 찾기 어렵다는 사실을 종종 발견합니다. 혹시 지금 여러분도 실체 없는 불안에 많은 에너지를 소모하고 있지는 않나요?

하고 싶지 않은
생각을 떠나보내는
그냥 내버려 두기

여러분에게 한 가지를 요청합니다. 지금부터 책을 읽는 동안 '빨간 장미'를 절대로 떠올리지 마세요. 빨간 장미를 절대 생각하지 않으려 노력하되, 혹시라도 생각이 난다면 몇 번이나 생각났는지 손으로 세어 주기 바랍니다.

우리는 떠올리고 싶지 않은 생각이 머릿속에 침투하면 괴로움을 느낍니다. 아무리 생각하지 않으려 노력해도 그 생각은 떠나지 않고 맴돌지요. 내가 어떤 생각을 하고 싶을 때 생각을 하거나 생각하지 않고 싶을 때 생각을 멈출 수 있다면 너무나 좋겠지만 우리에겐 그런 능력이 없습니다. 생각은 그저 내 머릿속에 떠오르는 것입니다.

자, 여러분에게 요청한 '빨간 장미 생각하지 않기'는 성공적이었나요? 아니면 중간에 빨간 장미를 나도 모르게 떠올렸나요? 지금부터는 '사고 억제의 역설적 효과'에 대해 이야기하겠습니다.

생각은 누르려고 하면 더 튀어오릅니다

1987년 하버드대 교수인 다니엘 멀튼 웨그너가 진행한 실험입니다. 실험에서 참가자들은 5분 동안 자유롭게 이야기를 나누었습니다. 그다음 웨그너는 참가자들을 A 그룹과 B 그룹으로 나누어서 A 그룹에는 하얀 곰을 생각하지 말라고 지시한 뒤 5분 동안 이야기를 나누도록 지시했습니다. 만약 대화 도중 하얀 곰이 생각나거나 이를 말할 때는 앞에 놓인 종을 치라고 했지요. 반대로 B 그룹에는 하얀 곰을 떠올리거나 말해도 좋다면서 자유롭게 이야기를 나누도록 지시했습니다. 역시 대화 중에 하얀 곰이 생각나거나 곰에 대해 말할 때는 종을 울리라고 했습니다.

어떤 그룹이 하얀 곰을 더 많이 생각하고 하얀 곰이라는 단어를 더 말했을까요? 정답은 A입니다. 절대 하얀 곰을 생각하지 말라고 지시받은 A 그룹이 B 그룹보다 더 자주 하얀 곰을 생각하고 단어를 말한 것입니다. 이것이 바로 '생각을 억제하면 할수록 오히려 더 생각이 많이 난다'를 설명하는 사고 억제의 역설적 효과입니다.

여러분은 어떤가요? 앞서 제가 빨간 장미를 생각하지 않도록 요청한 후 정말 빨간 장미를 덜 생각했나요? 아마도 아닐 것입니다. 생각을 억지로 통제하고 억제하려는 노력은 오히려 그 생각을 더 자주, 더 강하게 튀어 오르게 만듭니다. 생각하지 않으려는 노력이 오히려 그 자체에 주의를 기울이고 집중하도록 만들어 생각을 더 강화시키는 역효과를 가져오지요. 반동 효과와 동일한 것입니다.

이후 실험에서 웨그너는 참가자들에게 하얀 곰이 생각날 때마다 빨간색 폭스바겐을 떠올리라고 지시했습니다. 그러자 실험자들의 머릿속에 하얀 곰이 여전히 존재했지만, 이를 생각하는 빈도가 감소한 것을 발견했습니다. 이처럼 어떤 특정 대안을 떠올리도록 우회시키는 것을 '초점 전환'이라고 합니다. 초점 전환은 하얀 곰과 전혀 상관없는 자극을 떠올릴 때 효과가 있다고 알려져 있습니다. 생각을 없애려 하기보다 주의를 환기하는 편이 효과적이라는 뜻이지요.

'퇴근하면 회사 일은 절대로 생각하지 말아야지!', '오늘은 절대 과식하지 않을 거야', '아까 저지른 실수는 더 이상 생각하지 말아야겠다', '대체 잠이 언제 오지?', '내가 누군가를 해치면 어떡하지?' 등 우리는 하루에도 수많은 생각에 파묻혀 삽니다. 그중에서 특히나 원치 않는 생각이나 충동, 이미지가 머릿속에 찾아올 때면 이를 통제하고 억제하려 들지요. 하지만 아무리 생각하지 않으려고 눌러도 자꾸 생각이 납니다. 불안한 생각과 강박적인 사고가 끊임없이 침투하는 것이지요. 생각을 통제하고 억제하려는 행동은 수영장에 떠 있는 풍선 비치 볼을 물속으로 누르는 행동과 같습니다. 비치 볼은 세게 누르면 누를수록 더 크게 튀어오릅니다. 우리의 생각도 비슷합니다. 저는 계속 떠오르는 불안한 생각과 강박적인 사고를 억누르고 통제하려는 분들을 만나면 이렇게 이야기합니다.

"해결책은 생각보다 간단합니다. 머릿속에 당신을 괴롭히는 하얀 곰이 있다면 지우려 하지 말고 뛰어다니도록 내버려 둡시다. 머릿속을 헤집고 다니다가 자연스럽게 사라질 것입니다. 대신 이따 먹을 저녁 메뉴를 생각하거나 오늘 있었던 기분 좋은 일을 생각해 봅시다. 주의의 초점이 전환되면서 하얀 곰에 대한 생각이 빨간색 폭스바겐에 대한 생각으로 바뀔 테니까요."

7장

흔들리지
않고
현재를
사는 법

마음 근육을 키우는
16단계 연습

●●◐○○

오늘에
집중하는 힘,
마음 근육

이제 마음 근육을 키우기 위해 우울과 불안을 모두 다루는 공통의 방법들을 안내하겠습니다. 몸의 근육을 키우면 체력과 면역력이 좋아집니다. 질병의 예방에도 도움이 되며 사고를 당해도 회복 속도가 빠르지요. 마찬가지로 마음 근육을 키우면 스트레스에 대한 기초 체력과 면역력이 좋아집니다. 심리적 장애의 예방에도 도움이 되며 갑작스러운 사고를 겪었을 때 비교적 빨리 회복할 수 있지요.

우울과 불안은 비슷하거나 상호 작용하는 부분도 있었고 함께 발생하는 경우도 많았습니다. 그래서 최근에는 우울과 불안을 구분하지 않는 초진단적 접근의 치료법이 많이 제시되고 있습니다. 우울 혹은 불안 하나만을 관리하는 방법에서 더 나아가 이 둘을 함께 다루는 방법들까지 배운다면 더욱 유용할 것입니다. 4장과 6장의 마음 단련법을 포함해 이제 안내할 방법들도 특정 심리학적 접근에 한정 짓지 않고 인지 행동, 수용 전념, 정신 역동, 인간 중심, 애착, 가족 체계, 대상관계 이론 등 다양한 접근을 총망라해 작성했습니다. 각각의 이론에서 배울 수 있는 다양한 회복 방법을 마음껏 적용해 보기 바랍니다. 이를 통해 마음 근육을 단단히 키운다면 이후 다른 문제를 경험할 때 이전보다 더 쉽게 해결할 수 있을 것입니다.

지금 할 수 있는 일에
몰두하는 힘입니다

마음 근육을 키우려면 현재에 마음이 머무르도록 훈련해야 합니다. 계속 이야기했듯 우울은 과거에 머무는 마음, 불안은 미래를 떠도는 마음과 관련이 있습니다. 우리의 목표는 과거도 미래도 아닌 현재에 마음을 두는 것입니다. 현재에 마음이 머문다는 것은 지금 여기에 집중한다는 뜻입니다. 바꿀 수 없는 과거와 통제할 수 없는 미래가 아닌 지금 할 수 있는 일들에 집중하는 것이지요. 그리고 이것이 스스로 변화할 수 있는 유일한 방법입니다.

현재에 집중해 살아간다는 말은 과거나 미래를 보지 않고 막 산다는 뜻이 아닙니다. 과거를 반성하거나 후회하지 않고, 미래를 철저하게 준비하지 않고 지금 원하는 대로, 마음가는 대로 산다는 뜻이 아닙니다. 예를 들어 어떤 사람이 아메리카노와 라테 중에 무엇을 마실지 고민하다 아메리카노로 결정했다고 합시다. 그런데 막상 한 모금 마시니 너무 맛이 없었습니다. 이때 아메리카노를 마실 때마다 '괜히 아메리카노로 골랐어. 라테를 선택할걸…. 저 옆에 라테 마시는 사람들은 엄청 맛있게 먹네'라고 생각하며 계속 후회한다면 마음이 과거에 머문다고 볼 수 있습니다. 바꿀 수 없는 과거를 들여다보고 있기 때문이지요.

아무리 후회해도 내 앞에 있는 아메리카노가 라테로 변할 일은 없습니다. 지나가 버린 라테에 마음을 두면 둘수록 내가 마시는 아메리카노는 더욱 맛없게 느껴질 것입니다. 이때 할 수 있는 최선의 방법은 내 앞의 이 아메리카노가 나름 맛있다고 생각하면서 '다음엔 라테 먹어야지'라고 생각하는 것입니다. 이것이 아쉬웠던 지나간 과거를 돌아보며 반성하고 지금 내가 할 수 있는 일들에 집중하는 방법입니다.

또 다른 예를 들어 보겠습니다. 지금 다니는 회사에 남을지 이직을 할지 오랫동안 고민 중인 사람이 있습니다. 선택을 내리지 못하는 이유는 지금의 회사에서 느끼는 불만족스러운 점들이 이직한 회사에서 모두 해결될지 알 수 없기 때문입니다. 잘못 선택했다가는 지금 누리고 있는 이 회사의 좋은 점들도 포기해야 하는 상황이 올 수도 있어 불안합니다. 그렇다고 이 회사를 계속 다닌다고 생각하니 마음이 괴롭습니다. 아무리 고민해도 결정은 내려지지 않고, 회사에서는 일이 손에 잡히지 않아 불안한 날들이 계속됩니다.

이때의 마음은 미래에 머무른다고 볼 수 있습니다. 아직 오지 않은 미래를 계속해서 점쳐 보려 하지만 도저히 알 수 없기 때문에 불안한 마음이 찾아오는 것이지요. 우리는 미래의 결과를 통제할 수 없습니다. 아무리 고민하고 최고의 선택을 하더라도 어떤 결과가 나타날지는 아무도 모른다는 이야기입니다. 우리가 할 수 있는 일은 오직 현재의 선택과 노력뿐입니다. 즉 우리가 할 수 있는 최선의 방법은 많은 것을 고심해서 하나를 선택하고 그 선택이 좋은 결과로 이어지도록 지금, 여기에서 최대한의 노력을 기울이는 것입니다. 이때 비로소 마음이 현재에 머무를 수 있습니다.

현재를 살아갈
회복 탄력성을 줍니다

과거, 현재, 미래에 머무는 시선은 각각 '얼음, 물, 수증기'에

빗댈 수 있습니다. 바꿀 수 없는 지나간 과거에 고착되어 딱딱하게 고정된 얼음 같은 상태는 좀 더 유연해져야 물로 변하니까요. 반면 수증기처럼 지나치게 추상적이고 불확실하며 유동적인 상태는 좀 더 구체화되고 고정되어야 물처럼 안정화됩니다. 저는 여러분의 마음 근육이 물과 같이 유연하면서도 불확실성을 감내할 수 있을 정도로 단단해지면 좋겠습니다.

이제 가벼운 스트레칭부터 시작해 고된 방법들까지 순서대로 이야기할 것입니다. 마음 근육을 키우는 방법은 몸의 근육을 키우는 과정과 비슷합니다. 본격적인 운동에 앞서 충분히 몸을 풀어 주는 스트레칭이 필요하고 유산소와 더불어 코어 운동도 해야 합니다. 단단해진 근육은 우리 몸 전체의 건강에 유기적으로 영향을 줄 것입니다. 결국 마음 근육을 단련하는 이유도 우리 몸의 건강을 위해서니까요.

몸의 근육을 단단하게 만드는 과정에는 반드시 고통이 따릅니다. 마음도 마찬가지입니다. 마음 근육을 단단하게 만드는 과정에도 노력과 고통이 뒤따르지요. 이는 단단해진 마음이 고통이 떠난 자리를 채운다는 뜻입니다. 여러분이 지금 경험하고 있는 우울과 불안, 또 다른 역경 뒤에는 반드시 단단해진 마음이 찾아올 것입니다. 우리는 지금 성장통을 경험하고 있는 것이니까요. 성장 후에는 분명 더 유연하고 단단하며 회복 탄력적인 우리가 될 것입니다.

1단계
밥을 먹어야
무슨 일이든 시작합니다

본격적인 운동에 들어가기에 앞서 준비 운동부터 시작하겠습니다. '1단계 밥을 먹어야 무슨 일이든 시작합니다'부터 '4단계 도움을 받는다고 약한 것은 아닙니다'까지는 마음 근육을 키우기 위해 반드시 필요한 기본적인 스트레칭입니다. 마음이 긴장된 상태에서 무작정 격한 운동을 시작한다면 근육을 키우기 전에 도리어 다칠지도 모릅니다. 자신의 마음 상태에 맞추어 가벼운 준비 운동부터 차근차근 밟아 봅시다. 스트레칭에서 할 일은 무너진 내 몸의 균형을 맞추는 것입니다. 조금 지겨울 수도 있지만 마음 근육을 키우기 위한 가장 중요한 첫걸음은 바로 건강한 음식을 규칙적으로 먹는 것입니다.

건강한 음식
규칙적으로 먹기

　너무 뻔한 이야기라 실망하셨나요? 하지만 규칙적으로 건강한 음식을 먹는 일은 몸과 마음의 건강에 필수적입니다. 인간의 몸과 마음은 연결되어 있습니다. 몸의 건강이 마음에 영향을 주고 마음의 건강이 몸에도 영향을 준다는 뜻입니다. 몸에 영양분이 제대로 공급되지 않으면 마음도 건강할 수 없습니다.

　앞서 우울에서 살펴본 것처럼 우울하면 식욕이 저하되거나 폭증합니다. 식욕이 떨어지면 어떤 것도 먹고 싶지 않아집니다. 좋아하던 음식도 전혀 당기지 않고 겨우 끼니만을 때우거나 이조차도 먹지 않지요. 살아가려는 의욕, 즉 생욕이 떨어져 몸이 적절히 굴러갈 만한 에너지를 공급해야 한다는 생각을 못 하기 때문입니다. 하지만 이럴 때 더욱 신경 써 몸과 마음이 움직일 수 있도록 충분한 영양을 섭취해야 합니다.

　마음에 문제가 생기면 갑작스레 식욕이 증가해 폭식을 하는 경우도 있습니다. 이 또한 몸에 필요한 에너지 이상으로 과하게 보상한다는 점에서 적절한 에너지 공급이 아닙니다. 폭식은 신체 내부의 균형을 무너뜨리고 몸뿐 아니라 마음의 건강도 약화시킵니다. 폭식에는 자극적인 음식들을 찾는다는 치명적인 단점도 있습니다. 우리는 우울해지면 더 짜고 맵고 단 음식을 찾습니다. 이러한 식사는 몸의 면역을 떨어뜨려 약해진 마음을 더욱 취약하게 만들지요. 따라서 마음의 건강이 무너져 있을수록 더욱 규칙적으로 건강한 음식을 먹어야 합니다.

저는 입맛이 떨어져 음식을 먹지 않는 내담자들에게 숙제를 내 줍니다. 일주일에 한 번은 자신을 위해 건강한 음식을 요리하고 먹는 활동을 하도록 시키지요. 샌드위치나 볶음밥처럼 아주 간단한 음식도 괜찮습니다. 이 과제에는 나에게 건강한 음식을 대접하고 선물하라는 의미가 담겨 있습니다. 음식을 요리하려면 많은 일을 해야 합니다. 먼저 내가 무엇을 좋아하고 먹고 싶은지 고민하지요. 이어서 맛있게 만들 레시피를 찾아야 합니다. 재료를 고르고 손질도 해야 하지요. 요리가 끝나면 예쁘게 플레이팅해 제게 보여 줄 사진도 찍어야 합니다. 단지 음식을 먹는 일에 집중하는 것을 넘어 훨씬 큰 의미를 지닌 숙제입니다.

너무 무기력해 스스로 요리할 수 없는 분들에게는 일주일에 한 번 맛집에 찾아가 자신에게 맛있는 음식을 선물하는 것을 숙제로 내 줍니다. 맛있는 밥을 선물해도 좋고 눈과 입이 즐거운 케이크와 쿠키를 선물해도 좋습니다. 만약 우울과 불안이 찾아왔다면 나를 위한 음식을 선물하는 일부터 시작해 보면 좋겠습니다. 바로 지금, 여기에서 말이지요.

● ●● ○ ○

2단계
잠의 질을 높여야
삶의 질도 높아집니다

몸과 마음의 건강을 만들 때 식사와 더불어 중요한 또 하나의 요소는 바로 수면입니다. 잠이 보약이라는 말이 있듯이 잠은 우리 몸과 마음에 굉장히 중요합니다. 우울이든 불안이든 마음에 이상이 생기면 바로 수면에 문제가 생깁니다. 마음의 문제는 수면으로 드러납니다. 반대로 수면에 이상이 생기면 마음의 문제에 영향을 주지요. 즉 마음이 힘들 때는 충분한 수면을 취해야 회복할 수 있습니다. 물론 잠을 자고 싶지 않은 사람은 없을 것입니다. 일찍 자고 싶은데 잠이 오지 않고 푹 자고 싶은데 새벽에 깨서 괴롭겠지요. 그렇다면 이런 상황에서 보약 같은 숙면을 위해 할 수 있는 일을 살펴보겠습니다.

잠에 드는 시간보다
기상 시간에 집중하기

'불면증의 인지 행동 치료CBT-I'는 지금까지 알려진 비약물적 치료 중 가장 효과 있고 안전한 방법입니다. 수면 위생 교육, 불면증과 관련된 비합리적 신념 다루기, 긴장 이완 훈련, 수면 제한 요법 등으로 구성되지요. 만약 지금 수면 문제로 고생하고 있다면 이 방법들이 도움이 될 것입니다.

먼저 기억할 점이 있습니다. 바로 몸이 규칙적으로 움직일 때 마음의 건강도 안정된다는 것입니다. 즉 마음이 뒤죽박죽일 때는 반대로 몸의 일주기 리듬circadian rhythm을 일정하게 맞추면 좋다는 뜻이지요. 일주기 리듬이란 24시간 주기로 변화하는 생체 시계의 흐름입니다. 우울하고 불안해 몸의 리듬이 망가지면 수면 사이클이 무너집니다. 평소에는 12시면 잠들었는데 새벽 2시가 되어도 잠이 오지 않습니다. 평소라면 아침 7시에 일어나야 하는데 10시가 되어도 잠이 깨지 않지요. 수면 사이클이 미루어 졌기 때문입니다. 수면 사이클은 들쭉날쭉해지기도 합니다. 일찍 잠에 들거나 새벽까지 잠에 들지 못할 때도 있지요. 이럴 때는 규칙적인 수면 사이클을 만들어야 합니다.

우선 '잠'에 집중하기보다 '기상'에 집중해야 합니다. 잠에 드는 시간과 상관없이 기상 시간을 고정하는 것이지요. 밤 12시에 자든 새벽 4시에 자든 오전 7시에 고정적으로 일어나 봅시다. 우리는 하루라도 잠을 못 자면 잠을 보충해야 한다고 생각합니다. 하루에 7시간은 자야 건강이 유지된다고 믿기 때문이지요. 그러다 보니 주말에는 밀린 잠을 보충하려고 오후 늦게까지 잠을 잡니다. 하지만 이러한 습관은 오히려 수면 사이클을 더 망가뜨리는 결과를 가져옵니다.

우리 몸은 항상성을 가지고 있습니다. 며칠 충분한 수면을 취하지 못하더라도 우리 몸은 크게 영향받지 않는다는 뜻이지요. 또 새벽 4시에 자서 오전 7시에 일어나면 충분한 잠을 자지 못하는 수면 박탈sleep deprivation이 일어납니다. 수면 박탈이 일어나면 항상성을 지닌 우리 몸은 '잠이 필요해!' 하고 알아서 졸음을 데려옵니다. 즉 몇 시에 자든 아침에 고정적으로 일어나면 우리 몸이 저절로 필요한 수면을 취할 수 있도록 잠을 가져온다는 말이지요. 수면을 제한할수록 잠을 잘 수 있다는 뜻입니다. 그러니 늦게 잠들었다고 아침 늦게 일어나지 말고 일정한 시간에 규칙적으로 일어나 봅시다.

낮에 움직이고
밤에 자기

잘 자려면 낮잠은 금물입니다. 우리 몸은 아침에 일어나고 점심에 움직이며 밤에 자도록 만들어졌습니다. 그런데 낮잠을 자면 이 생체 리듬이 교란됩니다. 특히나 우리 몸은 오후 4시 이후에 자는 낮잠을 밤잠으로 인식합니다. 낮잠을 자면 밤에 잠이 더 오지 않는다는 뜻이지요. 저는 불면으로 고생하는 분들에게 오후 4시 이후에는 절대 낮잠을 자지 않을 것, 정말 필요하다면 4시 이전에 30분 미만으로 잘 것을 권유합니다.

만약 낮에 졸음이 쏟아진다면 이 시간에 밖에서 해야 할 활동을 만드는 것도 좋습니다. 햇빛에 노출되는 시간이 많을수록 수면에 도움이 되기 때문입니다. 햇빛은 수면, 각성 리듬 및 호르몬 리듬을 조절하는 체내 생체 시계와 수면 호르몬으로 불리는 멜라토닌 분비에 직접적인 영향을 줍니다. 눈에 빛이 들어오면 멜라토닌 생성이 억제되고, 빛이 감소하는 밤에는 멜라토닌 분비가 증가해 졸음이 몰려옵니다. 즉 아침과 낮에 강한 햇볕을 쬔다면 일주기 리듬이 일정해져 밤에 숙면을 취하는 데 도움이 되지요. 이뿐만 아니라 햇빛은 행복 호르몬으로 불리는 세로토닌 생성을 촉진하고 비타민 D 합성을 돕기 때문에 우울 회복에도 좋습니다.

자기 전에 스트레칭이나 명상을 하는 것도 숙면에 도움이 됩니다. 잠자기 2시간 전에 족욕이나 반신욕을 하는 것도 좋습니다. 잠에 들기 전에 몸이 이완되도록 도와주기 때문이지요. 이렇게 긴장을 이완하는 훈련은 특히 불안을 경험하는 사람들에게 효과가 있는 방법입니다. 우리 몸은 아침에 일어나

낮에 열심히 움직이고 저녁이면 서서히 이완해 밤에 잠들도록 만들어졌습니다. 밤에 천천히 몸이 풀려야 우리 뇌가 '아, 이제 잠들려고 하는구나' 하고 알아차립니다. 따라서 땀이 날 정도로 격렬한 운동은 적어도 잠들기 3~4시간 전에 하는 편이 좋고, 자기 직전에는 무리한 운동을 피해야 합니다.

잠이 오지 않아도 눈을 감고, 자야 한다고 생각하지 않기

여러분은 막상 침대에 누워 자고 싶은데 잠이 오지 않을 때 어떻게 하나요? 30분 이상을 뒤척거리다 옆에 놓인 핸드폰을 손에 쥐지는 않나요? 하지만 이러한 행동보다는 시각적 자극을 차단하고 눈을 감고 있는 편이 좋습니다. 핸드폰을 보거나 노트북을 켜 만지는 것은 몸을 각성하는 일입니다. 잠에 필요한 이완과 반대되는 일이지요. 그리고 우리 몸에게 침대는 잠을 자는 곳으로 인식되어야 합니다. 쉽게 말하면 침대와 수면이라는 자극이 연합되어야 한다는 뜻입니다. 만약 침대와 핸드폰(각성)이 연합하면 앞으로도 침대에 누워 잠을 자기는 더욱 어려워지겠지요. 침대에 누우면 우리 몸이 '오, 이제 각성할 차례군!'이라고 생각할 테니까요.

눈을 감고 있는 것만으로 수면의 효과가 있다는 연구 결과도 있습니다. 이제 잠이 오지 않는다고 유튜브를 시청하기보다 눈을 감아 보세요. 너무 잠이 오지 않으면 잠자리에서 일어나 잠시 책을 읽고 돌아와 잠을 청하는 것도 좋습니다.

잠을 자야 한다는 강박에서도 벗어나야 합니다. 잠을 자야 한다는 생각은 우리를 불면에 집중하게 만들어 더 잠을 쫓아냅니다. 불면을 경험하는 사람들은 '지금 자지 않으면 내일 더 피곤할 텐데…', '잠이 오지 않으니 어떻게 하지?', '잠을 자야 해'라고 생각합니다. 그런데 몸을 이완하는 데는 오히려 '지금 잠을 자지 않아도 괜찮아'라고 생각하는 편이 좋습니다. 저는 잠이 오지 않을 때 반대로 '지금 잠들면 안 돼, 버텨!'라고 생각합니다. 그러면 잠들면 안 된다는 생각에 저항이 와 오히려 쉽게 잠들지요.

사실 '잠을 자야 한다'는 강박은 불면증과 관련한 비합리적 신념입니다. 앞서 언급했듯 며칠 잠을 자지 못해도 우리 몸에 큰 이상은 없습니다. 따라서 잠을 자야 한다는 생각이 든다면 불면에 대한 비합리적인 신념이 있는지 점검해 보는 것도 좋습니다. 마찬가지로 새벽에 깬다면 시계를 보지 않는 편이 좋습니다. '얼마나 잤지? 몇 시간도 못 잤네'라면서 다시 자야 한다는 강박에 빠질 위험이 높기 때문입니다.

만약 걱정과 생각이 꼬리에 꼬리를 물어 잠에 들지 못한다면 다른 생각으로 주의를 전환해 보는 것을 추천합니다. 걱정거리를 생각하면 이 생각에서 저 생각으로 걱정이 날아다닙니다. 그러다 보면 침대에 누운 지 1시간이 훌쩍 넘은 경우가 많지요. 이때는 '아, 내가 지금 걱정 사고 때문에 잠이 오지 않는구나'라고 인식하는 것이 중요합니다. 일단 인식하면 주의가 걱정이 아닌 다른 생각으로 옮겨 가기 때문입니다. 저는 최근에 있었던 기분 좋았던 일을 떠올리곤 합니다. 어떤 기분 좋은 일이 있었고 어떤 행복한 감정을 느꼈는지 반복해 생각하다 보면 자연스레 잠에 들기 때문이지요.

3단계
거창한 운동을
하지 않아도 됩니다

"건강을 위해 운동하세요"라는 말은 모두가 지겹도록 듣습니다. 실천이 어렵기는 하지만 운동은 마음 근육을 키우는 데 가장 필수적인 요소입니다. 몸과 마음이 연결되어 있기 때문이지요. 만약 우울과 무기력에 빠져 있다면 특히 더 몸을 일으켜 움직이는 것을 1차 목표로 세워야 합니다. 움직임의 저하는 무기력으로 이어지고, 무기력은 움직임을 더 감소시켜 더욱 우울해지는 악순환을 만들기 때문입니다. 당장 격한 운동을 하라는 말이 아닙니다. 지금 할 수 있는 아주 기초적인 운동부터 하면 됩니다.

매일
8,000보 걷기

제가 무기력에 빠진 내담자들에게 가장 먼저 내주는 숙제는 바로 '걸음 수 늘리기'입니다. 만약 지금 여러분도 우울과 무기력을 경험하고 있다면 당장 핸드폰을 열어 걸음 수를 확인해 보기 바랍니다. 아이폰이든 갤럭시든 걸음 수를 측정하는 어플이 기본적으로 깔려 있을 것입니다. 이 앱은 우리가 하루 동안 몇 보를 걸었는지, 얼마나 이동했는지 자동으로 기록합니다. 일주일이나 한 달 단위의 기록도 살펴볼 수 있지요.

우울을 경험하는 사람들의 앱에는 평균에 한참 미치지 못하는 걸음 수가 적혀 있을 가능성이 큽니다. 우리의 목표는 매일의 걸음 수를 8,000보로 만드는 것입니다. 평일에는 출퇴근을 하기 때문에 걸음 수가 채워지지만 주말에는 일부러 걷지 않으면 8,000보를 채우기 어렵습니다. 당장 오늘부터 걸으며 활동량을 늘려 봅시다. 몸이 움직이면 가라앉은 마음도 꿈틀꿈틀 움직이기 시작할 것입니다.

너무나 무기력해서 매일 걸음 수를 확인하기 어려운 분들은 하루에 한 번 집 밖으로 나오기도 어려울 것입니다. 그래도 괜찮습니다. 할 수 있는 만큼 조금씩만 해 나가면 됩니다. 바로 집 앞이 아닌 조금 먼 거리에 있는 편의점에 다녀오기, 일주일에 한 번이라도 동네 맛집에 다녀오기, 집 근처 공원을 찾아

낮 시간에 산책 다녀오기 등 무엇이라도 한 번씩 시도하면 됩니다.

우울하고 불안하지만 에너지가 남아 있는 분들에게는 꾸준한 운동이 무척 도움이 될 것입니다. 유산소 운동과 근력 운동을 병행하면 우울과 불안 증상이 감소한다는 연구 결과가 꾸준히 발표되고 있습니다. 달리기를 하면 기분을 좋게 만드는 세로토닌과 노르에피네프린이 지속적으로 분비되고, 염증을 낮추는 엔돌핀 분비가 촉진되어 마음뿐 아니라 몸의 건강에도 도움이 되지요. 또 요가는 심호흡에 집중하는 운동이므로 불안 감소에 효과가 있습니다. 필라테스를 통한 코어 운동도 몸을 안정적으로 만들어 줍니다.

운동은 우리에게 성취의 경험을 주기 때문에 스스로에 대한 긍정적인 감각을 일깨우고, 우리의 신체상을 건강하게 다듬어 우울과 불안을 극복할 수 있도록 도와줍니다. 저희 상담소의 많은 장기 내담자가 규칙적이고 꾸준한 운동으로 우울과 불안의 늪에서 빠져나왔습니다. 너무나 뻔한 말이지만 사실 가장 좋은 치료제는 운동이라고 볼 수 있지요.

4단계
도움을 받는다고
약한 것은 아닙니다

만약 앞서 이야기 한 식사와 수면, 운동과 즐거운 활동도 열심히 했는데 우울하고 불안한 기분이 지속된다면 약을 복용하는 방법도 생각해 볼 수 있습니다. 그런데 정신과적 약물은 너무 많은 편견과 오해에 휩싸여 있습니다. 다른 약물에 비해 정신과적 약물이 왜 유독 수많은 루머에 시달리는지 모르겠지만 현실이 그렇습니다. 저는 기본적으로 심리를 다루는 심리학자입니다. 그리고 임상, 즉 정신 병리에 대한 지식도 갖추고 있기 때문에 약에 대한 거부감이 없습니다. 이번에는 심리학과 임상을 함께 공부한 입장에서 약에 대한 생각을 이야기해 보겠습니다.

정신과 약물에 대한
오해와 편견

인터넷에 약물 치료 후기를 검색해 보면 항우울제, 항불안제, 항정신병적 약물 등 여러 약물의 부작용 경험을 적은 글이 많습니다. 이 이야기들을 읽으면 약을 먹으면 중독되어 평생 의존할 수밖에 없고 치명적인 부작용이 생길 것이라는 생각이 듭니다. 장기간 약물을 복용하면 바보가 되거나 정신이 이상해진다고 쓰여 있기도 합니다.

그런데 이런 내용은 실제 현장에서는 잘 볼 수 없는 이야기라 신뢰가 가지 않습니다. 정신과적 약물뿐 아니라 감기약이든 소화제든 각 약물에는 부작용이 있습니다. 물론 어떤 사람은 상대적으로 더 큰 부작용을 경험하기도 하지요. 하지만 부작용이 힘들 때는 주치의와 상의하여 약물을 조정하고 변경하면 됩니다. 사람마다 잘 맞는 약과 잘 맞지 않는 약이 있을 뿐이고 효과도 용량에 따라 다르게 나타납니다.

우리는 감기약은 의심 없이 먹습니다. '이 약을 먹으면 평생 감기약에 의존하게 되지 않을까? 부작용으로 내 정신이 이상해지면 어떡하지?'라고 생각하는 사람은 거의 없을 것입니다. 흔한 감기약에도 졸음이 쏟아지고 입이 마르며 까부라지는 부작용이 있습니다. 이것 때문에 염려하는 사람은 그리 많지 않지요. 그런데 항우울제나 항불안제는 어떤가요? 항우울제를 먹고 졸리면 엄청난 부작용이라고 인식합니다. 마치 약이 나를 집어 삼켜 멍해진다고 생각하지요. 저는 이것이 우리가 정신과적 약물에 가지고 있는 편견이라고 생각합니다.

오히려 몸에 적은 영향을 주는 실제 약물 치료

실제로 우울증 환자들이 약물을 복용했을 때 치료 효과를 볼 확률은 약 60%입니다. 즉 40% 정도는 약에 반응하지 않고, 효과를 보는 60%에서도 증상의 개선은 사람마다 다르다는 뜻입니다. 게다가 정신건강의학의 교과서로 불리는 《Synopsis of Psychiatry》의 우울증 약물 치료 가이드에 따르면 우울증의 약물 치료를 시작한다면 적어도 6개월은 복용하는 편이 좋습니다. 우울증 약은 보통 2주 정도 꾸준히 먹었을 때 서서히 효과가 나타나기 때문입니다. 약물을 줄일 때는 일반적으로 증상의 경감에 따라 주치의와 상의하에 서서히 감량합니다. 또 만약 30개월 내에 우울증이 재발한다면 5년을 유지 치료하는 것이 좋습니다.

이런 사실을 볼 때 오히려 항우울제는 먹는 즉시 효과가 나타나는 감기약이나 항생제와 비교했을 때 훨씬 몸에 영향을 적게 준다고 생각합니다. 2주를 꾸준히 먹어야 아주 서서히 효과가 나타나기 때문이지요. 그러니 힘들 때면 안심하고 약을 먹어 봐도 나쁘지 않습니다.

항우울제는 항생제가 아닙니다. 비교하자면 오히려 당뇨 약과 비슷합니다. 항생제는 필요한 경우에만 단기간으로 복용해야 합니다. 하지만 당뇨 약은 그렇지 않지요. 장기간 복용해 몸을 관리하는 약입니다. 우울증 역시 당뇨와 비슷합니다. 당뇨에 걸리면 장기적인 약 복용은 물론 식습관과 생활 습관을 조정하며 어쩌면 평생 혈당을 조절해야 합니다. 이처럼 우울에 취약한 사람도 우울감을 평생 조절해야 할 수 있습니다. 때로는 약을 복용하고 때로는 식습관과 생활 습관을 맞추면서 말입니다.

다만 항불안제는 조금 다릅니다. 항불안제는 흔히 진정제, 안정제, 수면제라고도 불립니다. 진정과 이완 효과를 불러와 결과적으로 수면을 유도하기 때문이지요. 다른 약에 비해 먹는 즉시 비교적 신속하게 불안을 감소시키기에 극심한 불안을 경험하는 사람들이 선호합니다. 일부 예외는 있지만 항불안제는 대부분 흥분된 신경을 억제하고 진정시키는 벤조다이아제핀 계열에 해당하는 약입니다. 항우울제와 달리 벤조다이아제핀 계열의 항불안제는 의존성을 가져올 수 있기 때문에 중독과 남용에 신경을 써야 합니다.

하지만 전문가에 의해 적절히 처방되고 용법을 잘 지킨다면 부작용보다 유익이 더 큰 약물입니다. 이러한 가이드는 정신 건강의학과 의사가 누구보다 잘 알고 있습니다. 의료법상으로도 적절한 용량만 안전히 처방하도록 철저히 정하고 있지요. 그러니 만약 노력해도 조절되지 않는 우울과 불안으로 고생하고 있다면 전문가의 도움을 받아 보기를 추천합니다.

심리학자가 약을 권하는 이유

저는 심리학자이지만 필요한 사람에게는 약 복용을 적극적으로 권유합니다. 후유증을 크게 앓지 않고 넘어가면 좋겠다는 마음 때문이지요. 어떤 감기는 앓다 보면 그냥 수월하게 지나갑니다. 그런데 어떤 감기는 빨리 치료하지 않고 길어져 폐렴이나 천식 같은 후유증을 남깁니다. 약물이 필요할 정도의 심한 우울과 불안을 경험할 때보다 더 큰 후유증을 남깁니다. 우울과 불안을 겪는 것만으로도 힘들었는데 지나고 나면 이들이 휩쓸고 간 자리가 더 큰 폐허로 남는 것이지요.

그런데 사람들은 자신이 약물 치료가 필요할 정도로 심한 우울이나 불안을 겪고 있다는 사실을 잘 모릅니다. 실제로 저희 상담소를 방문하는 많은 분이 "겨우 이 정도로 상담을 받아도 되나요?"라고 묻습니다. 그런데 이 중에서 결국 정신과적 약물을 복용하는 비중은 약 40%나 됩니다. 스스로의 생각보다 우울과 불안이 크게 자리 잡은 경우가 많다는 증거지요. 그래도 요즘은 월경 전 불쾌감 장애, 월경 전 증후군, 산후 우울증같이 갑작스러운 호르몬 변화로 우울감을 겪는 분들이 항우울제를 복용해 기분의 호전을 경험하는 경우도 많습니다. 제가 '이제는 사람들이 약과 조금은 친숙해졌구나' 하고 안도하는 순간이지요.

저는 저나 제 가족이 우울증이나 불안 장애를 경험한다면 서둘러 약을 먹일 것이라고 말합니다. 기분 저하와 전반적인 정신 및 행동의 변화가 나타나는 시기인 우울 삽화를 반복적으로 경험해 만성적인 우울을 겪거나 일상생활이 힘들 정도로 극심한 불안을 견디기보다 약을 꾸준히 먹으며 건강히 지내는 편이 훨씬 현명하다고 생각하기 때문입니다. 가족과 주변 동료들에게도 이렇게도 당부합니다.

"혹시 내가 평소와 달리 우울감이 짙거나 불안하고 초조해 보이는데 스스로 잘 모르는 것 같으면 꼭 병원에 데리고 가 줘."

감기에 걸리면 감기약을 먹고 머리가 아프면 두통약을 먹듯, 마음의 병에 걸렸을 때 정신과적 약을 찾아 나서는 일이 편해지는 날이 오기를 바랍니다.

●●◑○○

5단계
삶은 좋은 일과
나쁜 일의 합입니다

이제 모든 운동의 기초인 유산소 운동을 통해 마음 근육을 키워 보겠습니다. '5단계 삶은 좋은 일과 나쁜 일의 합입니다'부터 '8단계 나는 나에게 가장 큰 위로를 받습니다'까지는 지구력과 마음 근육의 효율을 높이는 유산소 운동에 해당합니다. 유산소 운동에서 할 일은 스트레칭에서 키운 유연성으로 삶에서 일어나는 사건을 수용하고, 주어진 상황에서 내가 할 수 있는 일에 집중하는 자율성을 기르는 것입니다.

우울과 불안은 잘 살고 싶은 마음에서 온다고 했습니다. 즉 내 기준에 미치지 못하는 일이 벌어지거나 예상 밖의 일이 발생했을 때, 그 원인과 과정을 반추하거나 이를 근거로 부정적인 미래를 추측할 때 찾아오기 쉽다는 말이지요. 따라서 어떤 일이 벌어진 이유를 고민하거나 사건의 발생을 통제하려 시도하기보다 일어난 일을 있는 그대로 보는 연습이 필요합니다.

부정적인 일도 생긴다는 사실 받아들이기

캐나다의 로키 산맥을 여행할 때 들은 이야기입니다. 캐나다에서는 산불이 나더라도 예상 피해 규모가 크지 않으면 적극적으로 진화하지 않는다고 합니다. 자연이 저절로 발화하는 이유가 분명히 있다고 여기며 산불조차 자연의 일부로 받아들이기 때문입니다. 삶에서 일어나는 일들도 그렇습니다. 누가 의도했다기보다 자연적으로 발화해 찾아오는 일이 참 많지요.

인지 행동 치료의 최신 흐름인 수용 전념 치료는 내담자의 심리적 수용과 유연성을 증진시키는 접근입니다. 우리의 생각과 감정, 기억 같은 내적 경험을 바꾸려 하기보다 사람들이 경험에 반응하는 방식을 변화시킨다는 점에서 이전 세대의 인지 행동 치료와 차이가 있습니다. 경험을 문자 그대로 이해하고 통제하려 노력하기보다 행동 변화 과정에 집중하도록 만들기 때문이지요. 쉽게 말해 고통스러운 부정적 감정에 저항하거나 회피하지 말고, 이를 기꺼이 수용하면서 자신이 원하는 가치와 목표를 실현하는 데 전념하도록 만드는 것이 치료의 핵심입니다.

수용 전념 치료의 워크북인 《마음에서 빠져나와 삶 속으로 들어가라》에서는 수용 전념 치료의 과정을 체스에 비유해 설명합니다. 먼저 체스 판을 나 자신이라고 가정합니다. 그리고 체스의 검은 말은 부정적인 생각, 감정, 심상, 기억으로, 흰 말은 긍정적인 생각, 감정, 심상, 기억으로 가정합니다. 이제 체스 게임이 시작되었다고 상상해 봅시다. 여러분은 어떤 말이 이기기를 원하나요? 대부분 흰 말이 이기기를 바랄 것입니다. 부정적인 것보다 긍정적인 것이 내 안에 많을수록 마음이 편해지기 때문입니다. 그럼 체스 게임이 끝나고 흰 말이 이겼다고 다시 가정해 보겠습니다. 흰 말이 이겼으니 나는 기쁘고 행복할 것입니다. 그런데 이때 저자가 질문합니다. "여기서 패자는 누구인가?"라고 말이지요.

다시 처음으로 돌아가 봅시다. 첫 번째 가정에서 우리는 나 자신을 체스 판으로 두었습니다. 사실 흰 말이 이기든 검은 말이 이기든 상관없습니다. 흰 말도 검은 말도 모두 나의 일부이기 때문입니다. 즉 검은 말이든 흰 말이든 내 안에서 시작된 싸움이었기 때문에 승자도 본인이지만 패자도 본인이라는 말입니다. 결국 행복한 것도 나 자신이며 불행한 것도 나 자신입니다. 그리고 이 모두를 존재 자체로 있는 그대로 받아들일 때 비로소 편안함이 찾아옵니다.

우리는 나의 생각과 감정, 나에게 일어나는 일들을 끊임없이 판단하고 평가합니다. "이건 좋은 일이고 저것은 나쁜 일이야"라고 말하며 내 안에서 자꾸만 싸움을 만들어 냅니다. 그리고 끊임없이 내 체스 판 위에 흰 말만 올려 두고 싶어 합니다. 하지만 긍정적인 마음도 부정적인 마음도 모두 다 내 것입니다. 이때 필요한 자세는 검은 말이 이긴다고 해서 이것을 회피하거나 저항하지 말고 기꺼이 경험하고 수용하는 태도입니다. 체스 판이 되어 흰 말과 검은 말을 있는 그대로 바라볼 때 내 마음은 비로소 긍정도 부정도 아닌 하나의 마음이 됩니다.

우리 삶에는 수많은 고통이 있습니다. 우리는 고통을 제거하고 싶어 하지요. 그런데 이 내면의 고통을 없애려고 할 때마다 오히려 고통이 증폭됩니다. 이때 고통에서 벗어나는 방법은 고통을 수용하는 것입니다. 더 좋게 느끼려고 feel BETTER 노력할 필요가 없습니다. 우리는 그저 더 잘 느끼는 FEEL better 법을 배우면 됩니다. 캐나다에서 산불은 더 이상 검은 말이 아닙니다. 긍정도 부정도 아닌 그저 자연스럽게 일어나는 일이자 자연의 일부이지요. 긍정과 부정의 전투에서 승리하기보다 전쟁터를 버리는 여러분이 되기를 바랍니다. 긍정의 경험이든 부정의 경험이든 소중한 선물을 받듯 기꺼이 받아들인다면 지금, 여기에서 평온하고 온전한 삶을 살 수 있을 것입니다.

6단계
바꿀 수 있는 것과
없는 것이 있습니다

"주님, 제가 변화시킬 수 없는 것은 그것을 받아들일 수 있는 평화로운 마음을 주시고, 제가 변화시킬 수 있는 일을 위해서는 그것에 도전하는 용기를 주시며, 또한 이 둘을 구분할 수 있는 지혜를 주소서!"

성 프란체스코의 기도문 혹은 라인 홀트 니버의 말로 알려진 기도문입니다. 만약 우리에게 살아가면서 마주하는 일들에 이런 지혜와 용기, 평화로운 마음이 생긴다면 더할 나위 없이 좋겠지요. 이 기도문은 미국의 정신과 의사이자 유전학자인 클로드 로버트 클로닌저와 동료들이 심리 생물학적 인성 모델을 기반으로 개발한 '기질 및 성격 검사TCI'를 소개할 때 자주 사용되는 문구이기도 합니다.

기질 및 성격 검사에서는 한 개인의 인성를 이루는 두 가지 큰 구조를 기질과 성격을 구분합니다. 또 기질적 영향과 성격적 영향을 구분하여 인성 발달에 영향을 미치는 과정을 설명하지요. 기질은 유전적, 선천적으로 타고난 요소로 일생에 걸쳐 잘 변화하지 않는다는 특징이 있습니다. 반면 성격은 타고난 기질을 바탕으로 자라나는 환경에 영향을 받아 후천적으로 계속해서 발달하고 성장하는 요소입니다. 즉 앞선 기도문에 적용해 본다면 타고난 기질은 바꾸기 어렵기 때문에 받아들이는 마음이 필요하고, 바꿀 수 있는 성격은 성장시켜 나가는 자세와 용기가 필요합니다.

이제 기질과 성격을 지혜롭게 구분해 보겠습니다. 먼저 기질의 구체적인 내용부터 설명할 것입니다. 다만 그 전에 우리의 목적이 '나의 기질을 받아들이는 것'에 있다고 다시 한 번 분명히 말하고 싶습니다. 아무리 이를 강조해도 검사 결과를 받아들면 자신이 싫어하는 기질을 어떻게 바꿀 수 있는지에 대해 주목하고 질문하는 분이 많기 때문입니다.

자, 판단과 평가를 내려놓고 이해와 수용의 마음으로 접근해 봅시다. '나는 왜 이렇게 타고났지?'라고 비난할 것이 아니라 '나의 타고난 모양은 이렇구나' 하고 호기심을 어린 눈길로 바라봐 주어야 합니다. 내 타고난 기질이 마음에 들지 않아 자꾸 바꾸려 한다면 마음속에 어려움이 시작될 뿐입니다. 어차피 기질은 아무리 노력해도 잘 변하지 않습니다. 그렇다면 있는 그대로 받아들이는 편이 현명하겠지요.

변화하기 어려운 네 가지 기질 수용하기

기질은 크게 자극 추구, 위험 회피, 사회적 민감성, 인내력이라는 네 가지로 구분됩니다. 자극 추구 기질은 새로운 자극과 흥분을 추구하거나 행동이 활성화되는 정도를 의미하고, 위험 회피 기질은 위험을 회피하거나 행동을 억제하는 정도를 나타냅니다. 사회적 민감성은 사랑, 인정, 칭찬 같은 사회적 보상 신호에 반응하는 정도이며, 인내력은 보상이 주어지지 않더라도 한번 시작한 행동을 지속하려는 경향입니다. 각각의 기질은 위치한 지점에 따라 높음, 중간, 낮음으로 구분됩니다. 좋은 기질과 나쁜 기질은 없지만 각각 장단점이 있습니다. 그중 네 가지의 기질이 극단적으로 모두 높은 사람을 예로 들어 설명해 보겠습니다.

고은 씨는 호기신이 많고 다양한 분야에 관심이 많습니다. 새로운 자극이 주어지면 궁금해하고, 하고 싶은 일이 생기면 심사숙고하기보다 충동적으로 실행에 옮겨야 직성이 풀립니다. 멈추어야 한다고 느낄 때도 잘 절제할 수 없고 생각과 행동의 틀이 없을 때 편안함을 느끼는 자유분방한 기질을 가지고 있습니다. 자동차를 운전한다고 치면 엑셀을 잘 밟는 자극추구 기질이 높은 사람입니다. 동시에 고은 씨는 어떤 자극이 주어지면 부정적인 미래를 예측하는 예기 불안을 가지고 있습니다. 불확실성에 대한 두려움이 높아 중요한 일의 세부 사항이 불확실하면 불안이 상승했지요. 낯선 사람을 만날 때는 긴장하고 에너지 소모가 커 쉽게 소진되고 지쳤습니다. 즉 브레이크를 잘 밟는 모습인 위험 회피 기질도 높습니다.

이쯤에서 궁금할 수 있습니다. "아니, 어떻게 엑셀을 잘 밟는 사람인데 브레이크도 잘 밟는다고요? 둘 다 높으면 이상한 것 아닌가요?"하고 말입니다. 이에 대한 답은 "그럴 수 있다"입니다. 다만 "저기로 가야지!" 하고 엑셀을 밟는 도중에 "으악, 위험해!" 하고 브레이크를 밟는 모습을 반복하다 보니 매우 피곤하고 힘들게 살고 있을 가능성이 크지요. 원하는 만큼 앞으로 나아가지 못하고 안정적으로 멈추기도 어렵기 때문입니다.

게다가 고은 씨는 사회적 민감성 기질도 높습니다. 정서적 감수성이 높아 의도하지 않아도 자연스럽게 다른 사람들의 기분이나 사회적 분위기를 파악하고, 자신의 감정을 개방하고 표현하는 데도 익숙합니다. 타인과 쉽게 친밀감을 느끼고 의존하는 성향도 높아 대인 관계에 민감하다는 특징도 가지고 있습니다. 사회적 시선에 민감하고 자신을 향한 사랑과 인정을 크게 추구했지요. 어떤 상황에서는 장점으로 발휘되는 기질이지만 스스로는 조금 피곤할 수 있는 기질인 셈입니다.

마지막으로 인내력 기질도 높은 고은 씨는 근면하고 끈기가 높으며 성취에 대한 야망이 높아 이루고 싶은 것이 많았습니다. 그런데 '완벽해야 한다'라고 생각하는 완벽주의 또한 가지고 있어 아무리 성취해도 스스로는 부족하다고 느꼈습니다. 자신과 타인에게 너무 높은 기준을 적용하기 때문입니다.

타고난 기질에 대한 설명을 듣고 나면 눈물을 터뜨리는 분들이 많습니다. 왜 이런 힘든 모양을 타고났는지 원망하고 좌절하기도 하지요. 그런데 앞서 말했듯 각 기질은 장단점이 있습니다. 우리에게 필요한 것은 이런 기질을 타고난 나를 수용해 주는 자세입니다. 이럴 때는 "이렇게 타고나서 내가 참 힘들었겠다. 그럼에도 잘 살아왔네"라고 말하며 자신을 위로해야 합니다. 내가 나를 이해할수록 마음이 편해질 것입니다. 기질은 수용의 과정을 통해 조절됩니다.

성숙해지려면
세 가지 성격 바꾸기

저희 상담소에는 까다로운 기질을 타고나 어려움을 겪는 분들이 자주 찾아옵니다. 하지만 좌절하기에는 이릅니다. 우리에게는 얼마든지 바꿀 수 있는 성격이 있습니다. 성격의 발달은 기질을 수용하면서 시작됩니다. 나답게 성장하는 삶이란 타고난 기질은 받아들이고, 변할 수 있는 성격을 바꿀 때 이룰 수 있다는 뜻이지요. 《기질 및 성격 검사 통합 매뉴얼 개정판》에서는 "자신의 기질이 그대로 수용되는 환경은 성격의 발달로 이어지고, 성격의 성숙은 기질 반응의 조절로 이어진다"라고 설명합니다.

성격은 크게 자율성, 연대감, 자기 초월이라는 세 가지로 구분됩니다. 자율성은 스스로의 행동을 상황에 맞게 조절하고 통제하는 정도이며 나와 나의 관계를 의미합니다. 즉 무엇인가를 선택할 때 목적의식에 따라 결정하며 자신의 선택에 책임감과 유능감을 가질수록 자율성이 높아집니다. 또한 자신의 있는 모습 그대로를 수용할 때, 스스로 바라보는 이상과 현실의 모습이 일치할 때 성숙한 자율성이 만들어집니다. 자율성이 높을수록 나와의 관계가 조화롭다고 볼 수 있지요.

연대감은 타인을 수용하고 성숙한 자세로 대하는 정도이며 타인과 나의 관계를 의미합니다. 연대감은 타인을 있는 그대로의 모습으로 수용하고 관대한 기준을 가질 때, 타인의 정서적 어려움에 잘 공감하고 이타적이며 공평한 태도를 가질 때 높게 나타납니다. 즉 연대감이 높을수록 대인 관계 속에서 조화롭고 안정된 모습이 나타난다는 말이지요.

마지막으로 자기 초월은 나와 타인을 초월한 세상(만물)을 어떻게 바라보는지를 나타내는 개념으로 세상과 나의 관계를 의미합니다. 자기 초월이 높을수록 자연 만물과 세상 속에서 연결감을 느껴 영성이 발달하고 나 자신을 세상의 일부로 인식합니다. 인간의 머리로 이해할 수 없는 일들을 경험할 때 유연하게 대처하는 모습을 뜻하기도 하지요.

중요한 것은 우리가 이 세 가지 성격을 얼마든지 바꿀 수 있다는 점입니다. 어려움 없어 보이는 순한 기질을 타고났어도 자율성과 연대감, 자기 초월을 발달시키지 못할 수 있습니다. 반대로 까다로운 기질을 타고났더라도 얼마든지 높은 자율성과 연대감, 자기 초월을 형성할 수 있습니다. 성격적인 성숙을 이루는 방법들은 차차 다루어 보겠습니다. 그 전에 여러분이 해야 할 일은 자신의 타고난 기질을 잘 수용하며 이해하는 것입니다. 만약 자신의 타고난 기질을 알고 수용하고 싶다면 전문가를 통해 기질 및 성격 검사를 받아 보기를 추천합니다. 기질과 성격을 구성하는 각각의 하위 척도들을 통해 나를 구체적으로 이해할 수 있을 것입니다.

7단계
선택했다면
돌아보지 말아야 합니다

앞서 언급한 자율성에 대해 좀 더 자세히 이야기해 보려 합니다. 자율성이란 스스로의 행동을 상황에 맞게 조절하고 통제하는 정도를 의미합니다. 즉 자율성이 높을수록 자기 자신에 대한 조절 능력과 통제감을 가지고 있어 스스로를 바라보는 시선이 긍정적입니다. 이러한 모습은 높은 자존감과 비슷합니다. 자율성이 발달하면 우울과 불안이 줄어들고 나 자신에 대한 믿음을 건강하게 키울 수 있습니다. 주변 상황에 휘둘리지 않고 중심을 잡을 수 있지요. 그렇다면 자율성은 어떻게 발달할까요?

첫째,
목적의식을 가지고 선택하기

짜장면과 짬뽕의 예로 돌아가 몇 가지 질문을 하겠습니다. 여러분은 지금 짜장면과 짬뽕 두 개의 메뉴만 판매하는 중국집에 혼자 와 있습니다. 지갑에 든 돈으로는 딱 하나의 음식만 먹을 수 있지요. 어떤 메뉴를 드시겠습니까? 짬뽕을 골랐다고 가정하겠습니다. 여러분은 왜 짬뽕을 고르셨나요? 이때 종업원이 다가와 묻습니다.

"손님, 저희 집이 짜장면 맛집인 것을 모르고 오셨나 봐요. 그래도 짬뽕으로 가져다 드릴까요?"

여러분이라면 어떤 선택을 내리겠습니까? 만약 종업원의 말을 듣고 짜장면으로 선택을 바꾸었다고 가정해 봅시다. 여러분은 짬뽕에서 짜장면으로 메뉴를 바꾼 만큼 이곳의 짜장면이 얼마나 맛있을지를 기대할 것입니다. 그런데 웬걸, 짜장면을 한 입 먹었는데 너무 맛이 없는 겁니다. 이상하게 생각해 주변을 살펴보니 사람들이 짬뽕을 맛있게 먹고 있었습니다. 이때 여러분에게는 어떤 생각이 드나요? 마음속에 어떤 감정이 떠오르나요? 누군가는 '아, 그냥 짬뽕 먹을걸…. 괜히 바꿨네'라고, 또 누군가는 '그냥 저 옆집에 갈걸…'이라고 생각할 것입니다. 어쩌면 '어쩔 수 없지. 다음에는 여기 오지 말아야겠다'라거나 '짜장면으로 바꾼 내 탓이지, 뭐'라고 생각할지도 모릅니다. 종업원의 탓을 하거나 화를 내는 사람도 있을 것입니다.

우리는 하루에도 여러 번 선택의 기로에 섭니다. 사소하게는 오늘 어떤 옷을 입을지, 점심 메뉴는 무엇을 먹을지부터 중요하게는 어떤 회사에 입사 원서를 넣을지, 인생의 동반자로 누구를 선택할지까지 수많은 선택을 합니다. 자율성은 이때 길러집니다. 클로닌저에 의하면 자율성은 책임감, 목적의식, 유능감, 자기 수용, 자기 일치라는 총 다섯 개의 하위 척도로 구성됩니다. 쉽게 말해 우리가 이 다섯 가지 개념을 성숙하게 만들고 높일 때 자율성을 키울 수 있다는 뜻이지요.

조금 전 여러분은 짜장면을 먹을 것이냐 짬뽕을 먹을 것이냐는 물음 앞에서 짬뽕을 결정하기까지 꽤 복잡한 인지 처리 과정을 거쳤을 것입니다. 짜장면을 먹는다면 달짝지근함을 얻겠지만 짬뽕 국물의 시원함과 해산물을 포기해야 합니다. 여러 장단점을 비교하고 고민한 끝에 짬뽕을 골랐겠지요. 바로 이때 제가 질문했습니다. "여러분은 왜 짬뽕을 고르셨나요?"라고 말입니다.

우리는 선택의 상황에 놓이면 어느 쪽을 고르는 편이 좋을지 고민합니다. 이때 결정에 영향을 미치는 것이 바로 목적의식입니다. 목적의식이란 장단점이 분명한 상황에서 '그럼에도 내가 짬뽕을 선택한 이유는 국물 때문이야!'라고 결정을 뒷받침하는 근거입니다. 자율성은 선택의 기로에서 '나는 왜 이것

을 선택해야 하지?' 하고 목적의식을 가지고 고민할수록, 그에 대한 내 답을 분명히 만들수록 발달합니다

둘째,
책임감 가지기

자율성은 책임감이 강해질수록 더 크게 성장합니다. 우리는 이곳이 짜장면 맛집이라는 종업원의 말을 듣고 선택을 바꾸었습니다. 결과는 참혹했지요. 누군가는 어쩔 수 없다고 생각했고, 누군가는 짜장면으로 바꾼 것을 후회했으며, 또 누군가는 종업원을 탓했습니다. 하지만 짜장면을 먹기로 결정한 사람은 그 누구도 아닌 바로 나 자신입니다. 종업원의 말에 영향을 받기는 했지만 내가 선택을 바꾸었지요.

책임감은 '내 선택에 얼마만큼 책임을 질 것이냐'를 의미합니다. 책임감이 발달한 사람들은 자신의 선택에 책임감을 가지고 맛없는 짜장면을 최선을 다해 먹습니다. 반면 책임감이 낮은 사람들은 자신의 선택을 자꾸만 후회하고 뒤돌아봅니다. '그냥 짬뽕을 먹을걸', '저 사람 때문에 내가 이렇게 맛없는 짜장면을 먹는 거잖아' 하고 말입니다. 하지만 과거의 선택은 절대 변하지 않습니다. 짜장면은 이미 내 앞에 와 있고, 나에게는 새로 짬뽕을 시켜 먹을 돈이 없기 때문입니다.

이때는 과거를 뒤돌아보지 않고 짜장면이 맛있다고 생각하며 먹는 것이 최선입니다. 짬뽕을 선택하지 않은 것에 대해 생각할수록, 내가 결정해 받은 짜장면이 맛이 없다고 생각할수록 짜장면은 더 맛없어지기 때문이지요. 즉 우리는 자신이 내린 결정이 최선의 선택이었음을 믿고 그에 따른 결과에 책임을 지는 연습을 해야 합니다. 방법은 간단합니다. 뒤돌아보지 않는 연습을 하면 됩니다. 무엇인가를 결정하고 나면 그 선택이 가장 잘한 선택이었음을 스스로에게 계속 상기시키는 것이지요. '종업원이 맛집이라고 말한 상황에서 짜장면을 고르는 건 당연해. 잘 선택했어. 맛있다고 생각하며 먹으면 돼'라고 말하며 내 선택을 지지해 주어야 합니다. 결과가 어떻든 나의 결정을 칭찬해 주는 것이지요. 사소한 결정의 순간에 내 선택을 책임지는 연습을 하면 이직처를 선택할 때도, 배우자를 선택할 때도, 그 어떤 중요한 결정을 해야 할 때도 흔들리지 않고 선택할 수 있습니다.

셋째,
유능감, 자기 수용, 자기 일치 기르기

이 세 가지는 자율성을 기르는 데 도움이 됩니다. 먼저 유능감이란 내 선택에 자신감이 있는 정도입니다. 자율성을 기르는 데 유능감이 부족하면 책임감이 잘 발달하지 못할 수 있습니다. 어떤 선택을 해야 할지 몰라 혼란스러움을 겪기 때문이지요. '내가 짬뽕을 선택하면 이런 좋은 결과를 얻을 거야!'라고 생각하는 자신감이 있어야 선택을 하는 데 어려움이 없습니다. 만약 '내가 이것을 고른다면 어떤 결과가 찾아올지 모르겠어. 내 결정은 나쁜 결과를 가져올 거야'라고 생각한다면 짜장면과 짬뽕을 고를 때도 힘들겠지요. 틀림없이 선택을 주저할 것입니다.

불행히도 지금까지 정말 자신의 선택이 나쁜 결과를 가져왔다면 유능감이 잘 발달하지 못했을 가능성이 있습니다. 내 선택에 지지를 받은 경험이 부족해도 유능감이 낮을 수 있지요. 때로는 '거 봐, 내가 뭐랬어. 그거 아니랬잖아', '네가 결정하는 게 다 그렇지 뭐'라는 비난의 뜻이 담긴 이야기를 자주 들었을 수도 있습니다. 그래도 괜찮습니다. 우리 모두에게는 유능감을 키울 수 있는 놀라운 힘이 있기 때문이지요. 오늘부터는 나 자신의 모든 선택을 칭찬하고 응원해 봅시다. 앞서 이야기한 것처럼 맛없는 짜장면을 고른 것도 그 상황에서는 최선의 결정이었다고 인정해 주세요. 내 결정을 인정하고 지지하면 지금 나에게 주어진 경험은 더욱 값진 일이 됩니다.

다음으로 자기 수용과 자기 일치를 키우면 자율성이 높아집니다. 자기 수용은 '내가 나를 얼마나 있는 모습 그대로 수용해 주고 인정해 주는지'를, 자기 일치는 '내가 생각하는 이상적인 나와 현실의 내가 얼마나 일치하는지'를 나타내는 정도입니다. 우울과 불안을 경험하는 사람들은 대체로 자기 자신에게 야박한 평가를 내립니다. 내 좋은 점과 마음에 들지 않는점을 균형 있게 바라보기보다 내 단점에 주목하고 비난하는것이지요.

자기 수용을 높이기 위해 오늘부터 해야 하는 연습은 '나를있는 그대로 받아 주기'입니다. 너무 보기 싫은 내 모습을 발견한다면 "그래도 괜찮아"라고 말해 주세요. 누구보다 앞서 나를 판단하고 비판하는 자세에서 잠시 뒤로 물러나는 것이지요. 이어서 자기 일치를 높이려면 두 가지 조건이 필요합니다. '이상적인 나'의 기준을 조금 낮추고 '현실의 나'를 비난하지 않아야 하지요. 쉬운 것부터 해 볼까요? 어떤 순간 내가 나를 비난하고 손가락질하고 있다면 그 손을 접는 연습부터 시작해봅시다. 사실 나는 충분히 잘 하고 있습니다. 내가 나에게 조금 더 다정해지면 우울과 불안에서 멀어질 수 있겠지요.

마지막으로 이 사실을 기억하기 바랍니다. 앞서 말한 자율성을 발달시키는 모든 방법은 바로 지금, 여기에서 충분히 할수 있는 일들입니다. 우리는 과거도 미래도 바꿀 수 없지만 오늘 나의 선택은 바꿀 수 있습니다. 나는 더 다정한 시선으로나를 바라보고 칭찬하고 인정해 줄 수 있습니다. 내 결정에 계속해서 '왜?'라는 질문을 던지며 내 선택의 의미를 찾아가고, 내 선택의 결과를 책임질 수 있습니다. 나에게는 나와의 관계를 회복해 나가는 힘이 있다는 사실을 꼭 잊지 않기 바랍니다.

8단계
나는 나에게
가장 큰 위로를 받습니다

네 살짜리 꼬마가 장난을 치며 달려가다가 넘어져 울고 있다
고 상상해 봅시다. 여러분이 어떻게 해야 아이가 울음을 그칠
까요? 다양한 위로의 말이 머릿속에 떠오를 것입니다. 토닥이
며 안아 주거나 많이 다치지 않았는지 살펴보며 괜찮으냐고
물을 수도 있지요. 누군가는 어떻게 아이를 달래 주어야 하는
지 몰라 당황하거나 울지 말라고 이야기할 것입니다. 여전히
아이는 속상해하며 울고 있습니다. 이번에는 아이의 감정을
만져 줄 방법, 즉 감정의 타당화에 대해 알아보겠습니다. 이를
위해서는 먼저 감정이 어떻게 움직이는지 이해해야 합니다.

스스로
내 감정을 감싸 주기

감정의 작동 원리는 이렇습니다. 어떠한 사건이 발생했다고 가정하겠습니다. 이때 감정은 순식간에 우리 안으로 찾아옵니다. 우리가 느끼고 싶어서 의도적으로 선택한 것이 아니라 찾아오고 주어지는 것입니다. 그런데 감정은 감정의 방식대로 움직입니다. 넘어진 아이에게 "뚝. 울지 마!"라고 말한다면 아이가 울음을 그칠까요? 전혀 그렇지 않습니다. 아이는 더 크게 눈물을 쏟을 것입니다. 넘어져 속상해서 울고 있는데 이 감정을 부정하는 반응이 돌아왔기 때문입니다.

그렇다면 "넘어진 건 울 일이 아니야" 혹은 "그렇게 장난치니까 넘어지지!"라고 말하면 어떨까요? 아이가 '아, 넘어진 건 울 일이 아니구나', '내가 장난쳐서 넘어졌구나'라고 인정하고 울음을 바로 그칠까요? 그렇지 않습니다. 아이의 속상한 감정에 이성적인 판단의 반응이 돌아와 감정이 해결되지 못했기 때문입니다.

저라면 이때 아이에게 다가가 안아 주며 "에고, 넘어져서 엄청 아프고 속상하겠다. 괜찮아?"라고 말할 것입니다. 속상한 감정을 있는 그대로 반영하고 타당화해 주는 반응입니다. 이제야 감정은 스르르 녹아 천천히 가라앉습니다. 속상했던 마음이 타당화되었기 때문입니다. 감정의 작동 원리는 이렇습니다. 속상하다는 감정이 생기면 '속상했구나' 하고 그 감정을 그대로 읽어 주면 됩니다. 우리에게 찾아오고 주어지는 감정을 있는 그대로 긍정해 주면 되지요.

그런데 실제 우리가 경험한 주변의 반응은 이런 방식과 조금 거리가 있었습니다. 우리 모두 감정을 다루는 방법을 잘 배우지 못했기 때문입니다. 슬프고 속상할 때 이를 부정당하기 일쑤였고 심지어는 운다고 혼이 나기도 했지요. 힘들다는 말에 판단과 해결을 제시하는 반응을 자주 마주했거나 슬프고 힘들다는 말에 아무런 응답을 받지 못했을 수 있습니다. 안타깝게도 이럴 경우 우리는 감정을 점점 더 표현하지 못하고 억압하며, 나중에는 내가 어떤 감정을 느끼는지도 인식하지 못하는 상황에 처하기도 합니다.

그렇지만 이제는 누군가가 내 감정을 타당화해 주지 않더라도 괜찮습니다. 내가 해 줄 수 있기 때문입니다. 속상한 일이 생기면 스스로에게 "아, 정말 속상하네"라고 말해 주면 됩니다. 우울할 때는 "나 정말 우울하구나. 우울할 만해. 괜찮아"라고 자신을 토닥이며 말해 주면 됩니다. 불안할 때는 "나 정말 불안하구나. 불안할 만해. 괜찮아"라고 말하며 내 감정을 타당화해 주면 됩니다. 내가 내 감정을 타당화하면 문제는 스르르 녹아 해결됩니다. 내 감정을 정확히 인식하고 알아주는 것, 감정의 타당화는 우울과 불안 모두에 도움이 되는 방법입니다.

9단계
나를 움직이는 것은
칭찬입니다

'9단계 나를 움직이는 것은 칭찬입니다'부터 '11단계 우리는 완벽해질 수 없습니다'까지는 코어 운동입니다. 코어 운동은 몸의 중심부 근육을 단련하는 운동입니다. 코어 근육이 강화되면 몸이 올바른 정렬 상태를 이루어 움직이기 쉬워지고 전반적인 건강이 향상되지요. 마찬가지로 마음 근육의 중심부를 강화하면 우리의 마음이 바르게 서고 더욱 건강해집니다. 마음의 코어 운동에서 할 일은 바로 '나의 생각 다루기'입니다. 생각이 바뀌면 행동이 바뀌고 행동이 바뀌면 관계도 변화하기 때문입니다.

나를 바꾸는
당근과 채찍의 모양

가장 먼저 알아야 할 것은 내 행동에 영향을 미치는 당근과 채찍의 여러 종류입니다. '당근과 채찍'은 일상에서 '칭찬과 지적', '보상과 빼앗음' 또는 '강화와 처벌'이라 부릅니다. 강화는 행동을 증가시키는 것이고 처벌은 행동을 감소시키는 것입니다. 사람들은 좋은 행동은 늘리고 나쁜 행동은 줄이고 싶어 합니다. 우리는 단순히 칭찬하는 것을 강화, 혼내는 것을 처벌이라고 생각하지만 강화와 처벌의 종류는 다양합니다. 아래는 강화와 처벌을 정리한 표입니다.

		강화 (reinforcement)	처벌 (punishment)
	결과 ▶ 과정 ▼	반응 혹은 행동의 증가	반응 혹은 행동의 감소
정적 (positive)	제공	정적 강화물 : 당근, 좋아하는 것, 칭찬, 인정, 관심, 사랑 등	정적 처벌물 : 채찍, 신체적 고통, 잔소리, 야단치기 등
부적 (negative)	제거	부적 강화물 : 고통스러운 결과를 줄 수 있는 것을 없앰	부적 처벌물 : 기쁨이나 만족을 주는 것을 제거함

먼저 강화에 대해 알아볼까요? 강화는 다시 정적 강화와 부적 강화로, 처벌은 정적 처벌과 부적 처벌로 나뉩니다. 정적 강화는 강화물을 제공해 바람직한 행동을 증가시키는 행위입니다. 말에게 당근을 주어 달리게 만드는 것은 대표적인 정적 강화입니다. 여기서 강화물은 당근이지요. 정적 강화에 사용하는 강화물에는 칭찬이나 인정, 관심, 사랑 등이 있습니다.

부적 강화는 강화물을 없애서 바람직한 행동을 증가시키는 행위입니다. 당근을 없애서 행동을 증가시킨다니? 무슨 뜻인지 이해되지 않아 혼란스러울 것입니다. 우리는 대부분 강화물을 긍정적인 이미지와 연관 짓습니다. 좋은 무언가로 생각하지요. 그러나 강화물은 긍정적인 성격을 띠지 않습니다. 오히려 행동을 증가시키는(강화하는) 자극을 의미하지요. 예를 들어 말발굽에 박힌 가시(강화물)를 없애서 말의 잘 달리는 행동을 증가시킨다면 이는 부적 강화입니다. 고통을 없애 어떤 행동을 증가시켰으니까요.

강화에 이어 처벌도 두 가지로 나뉩니다. 정적 처벌은 처벌물을 제공해서 바람직하지 않은 행동을 감소시키는 행위입니다. 앞서 살펴본 채찍의 예입니다. 말이 잘 달리지 않을 때 채찍을 휘둘러 멈추어 있는 행동을 줄이는 것이지요. 떼쓰는 아이에게 혼을 내거나 잔소리를 해서 문제 행동을 줄이는 것도 정적 처벌입니다.

마지막으로 부적 처벌은 처벌물을 제거해서 바람직하지 않은 행동을 감소시키는 것입니다. 이때 처벌물은 기쁨이나 만족을 주는 무언가입니다. 즉 컴퓨터 게임을 너무 많이 하면 용돈을 뺏는 것, 업무 시간에 잡담을 하면 인센티브를 줄이는 것 같이 좋은 것을 뺏어 문제 행동을 감소시키는 방법이지요.

효과 없는 처벌보다
만족스러운 당근을 주기

여러 개념을 자세히 살펴봤기 때문에 처음 접하는 분들이라면 혼란스러울 것입니다. 저는 이 중에서 우리에게 익숙한 당근과 채찍(정적 강화와 정적 처벌) 두 가지만 놓고 이야기해 보겠습니다. 우리는 좋은 행동은 늘리고 문제 행동은 줄이고 싶어 합니다. 즉 좋은 행동은 강화하고 문제 행동은 처벌로 줄이려 하지요. 좋은 행동을 강화하는 것에는 큰 어려움이 없을 것입니다. 내가 무언가를 잘했을 때 나를 칭찬하고 나에게 선물을 하거나 좋은 것들을 제공해 주면 되니까요. 문제는 처벌입니다. 처벌은 정말 문제 행동을 줄일까요? 학습 이론의 대가 스키너는 이렇게 말합니다.

"우리는 (고통이라는 막대한 대가를 치르고서) 처벌이 장기적으로 어떤 행동의 발생 확률을 감소시킬 수 없다는 것을 점차 발견하고 있습니다."

즉 처벌은 효과가 없고 효과가 있다 해도 아주 잠시일 뿐이라는 뜻입니다. 이는 처벌이 도피와 회피 행동을 유발하기 때문입니다. 심지어 부적 강화는 회피 행동을 유지하고 강화합니다. 예를 들어 컴퓨터 게임을 해서 엄마에게 혼이 나면(정적 처벌), 잠깐 게임을 멈추지만 곧이어 엄마가 보이지 않는 곳에 가서 게임을 합니다(회피 행동). 이때는 엄마의 잔소리가 사라지기 때문에 이러한 행동이 도리어 강화되고 유지됩니다(부적 강화). 즉 처벌은 게임하는 행동을 줄이기보다 오히려 보이지 않는 다른 곳에서 더 많이 하도록 만들지요. 처벌은 게임 대신해야 하는 대처 기술을 가르치지 않기 때문에 어떠한 좋은 수행도 늘리지 못합니다.

그렇다면 문제 행동을 줄이려면 어떻게 해야 할까요? 정답은 소거입니다. 소거란 행동이 사라지는 과정을 의미하는데, 어떤 행동을 했을 때 아무것도 제공하지 않는 것입니다. 즉 자극과 반응의 연합을 끊는 일이지요. 강화는 어떤 행동을 했을 때 만족할 만한 보상을 주는 행위였습니다. 반대로 처벌은 어떤 행동을 했을 때 불만족스러운 불편함을 주는 행위였지요. 그러니 소거는 어떤 행동을 했을 때 아무것도 주지 않는 행위입니다.

처벌과 소거의 개념이 헷갈릴 수 있으니 구체적인 예를 들어 보겠습니다. 여러분이 고치고 싶어 하는 행동(문제 행동)이 꾸물거리다가 지각하는 행동이라고 생각해 봅시다. 이때 부지런하게 움직여 지각하지 않을 때 나에게 보상을 주는 것이 강화이고 꾸물거리다가 지각할 때 스스로를 비난하는 것이 처벌입니다. 한편 지각했을 때 아무것도 하지 않는다면 이는 소거입니다. 처벌은 지금 당장 문제 행동을 줄입니다. 그래서 이런 상황에서 우리는 자신을 비난해(처벌) 꾸물거리는 행동을 줄이려 합니다. 하지만 앞서 말했듯 처벌은 장기적인 효과가 없습니다. 순간에 그칠 뿐 지금까지 부지런하게 움직이는 분은 거의 없을 테니까요.

이제 문제 행동을 줄이기 위해 두 가지 방법을 사용할 수 있습니다. 문제 행동에 관심을 기울이지 않는 것(소거), 문제 행동이 나타나지 않았을 때 자신을 칭찬하고 인정하는 것(강화)입니다. 즉 꾸물거려 지각한 날에는 이 사실에 관심을 기울이지 않고, 부지런히 움직여 제시간에 도착한 날에 스스로 칭찬하고 보상해 주는 것입니다.

소거가 문제 행동을 줄이는 데 도움이 되는 이유는 엄마의 관심을 받기 위해 떼를 쓰며 우는 아이를 떠올리면 쉽게 이해할 수 있습니다. 아이가 떼를 쓰며 울면 엄마는 혼을 냅니다. 아이는 일단 혼이 나 울음을 그치지만, 사실 엄마의 관심을 끄는 데에 성공했기 때문에 다음에도 관심을 받으려고 떼쓰며

울 가능성이 높아집니다. 이러한 과정을 반복하면 아이는 관심을 받고 싶을 때마다 더 떼쓰고 더 크게 웁니다. 동시에 엄마의 잔소리와 화도 더욱 커지지요.

정리하면 처벌을 사용하면 떼쓰며 우는 문제 행동은 강화되고 유지되며 이후의 처벌 또한 강화된다는 말입니다. 비난이나 지적 같은 부정적 자극도 누군가는 관심으로 생각해 강화물이 될 수 있습니다. 아무런 관심을 받지 못하는 것보다 누군가의 짜증이나 분노라도 받는 편이 낫기 때문입니다. 문제 행동에 초점을 맞추면 문제 행동은 커집니다. 내 단점에 자꾸 주의를 기울이면 이 단점은 커집니다. 내가 싫어하는 문제 행동을 없애려면 반응을 하지 않으면 됩니다. 시간이 지나면 자연스럽게 사라지기 때문입니다. 그리고 문제 행동이 아닌 대체 행동(좋은 행동)을 할 때 스스로에게 당근을 주면 됩니다.

지금 우울을 경험하는 어떤 분들은 자신의 문제를 자꾸만 곱씹고, 이를 고치기 위해 애쓰고 있을 것입니다. 아무리 자신을 혼내고 비난해도 문제 행동이 변하지 않아 스스로에게 더 강한 처벌도 했겠지요. 지금부터 그 비난을 멈추어 봅시다. 그 비난이 오히려 문제를 키우고 있을 테니까요. 정답은 아무런 반응도 하지 않는 것입니다. 그러고 나서 내가 잘 해낸 아주 사소한 일들에 마음을 담아 칭찬해 줍시다. 처벌은 효과가 없습니다. 오직 당근만이 우리를 바꿀 뿐이지요.

10단계
기대하는 대로
이루어지기 마련입니다

때맞추어 물을 주고 햇빛을 쬐이고 통풍을 해 주었는데도 아끼던 식물이 시들었던 경험이 있나요? 식물이 심긴 흙에는 물길이 나 있다고 합니다. 물이 흘러갔던 방향으로 길이 나 물을 줄 때마다 계속해서 그 길로만 물이 흐르는 것이지요. 그런데 하나의 길로만 물이 흘러가면 뿌리가 골고루 물을 빨아들이지 못합니다. 그래서 물을 듬뿍 주어도 모든 뿌리가 물을 흡수하지 못해 시들시들해지지요.

우리의 뇌도 마찬가지입니다. 뇌에는 우리의 생각에 따라 익숙하게 움직이는 회로가 있습니다. 생각이 자동적으로 그 방향으로 흐르는 특정한 길, 즉 마음의 길이 있지요. 새 물길을 만들려면 물길이 난 흙을 고르게 만져 모든 흙이 물을 골고루 흡수하도록 만들어야 합니다. 이처럼 균형 잡힌 건강한 생각을 가지고 싶다면 생각의 회로에 난 마음의 길도 고르게 만져 주어야 합니다. 즉 뇌에 다양한 회로를 만들어 주어야 하는 것이지요.

우울한 사람들은 뇌의 부정 회로가 선명한 경우가 많습니다. 어떤 상황에서도 자연스럽게 부정적인 생각을 하고 부정적으로 해석하지요. 우울은 뇌의 부정 편향을 만들어 냅니다. 부정 편향은 또 부정적인 기분 편향을 만들어 내 더욱 강화됩니다. 그러다 보니 아무리 좋은 환경에 있어도 부정 편향의 뇌를 가진 사람이라면 시들시들해지지요. 부정 편향을 보완하기 위해서는 긍정 회로를 의식적으로 돌려야 합니다. 나도 모르게 내 생각이 부정 회로를 따라 흘러가려고 할 때 잠깐 멈춰 '다른 길로 가야지!' 하며 일부러 방향을 틀어야 합니다.

선택을 했지만 좋지 않은 결과를 자주 맞이한 사람들이 있을 것입니다. 이 경험들은 계속 부정 회로를 타고 흘러갑니다. 만약 또 무엇인가를 선택해야 하는 순간에 '내가 선택하는 것이 또 나쁜 결과를 가져올 거야'라는 생각이 든다면 이미 뇌속의 부정 회로가 공고히 다져진 상태일 수 있습니다. 이때는 미래에 긍정적인 결과가 나타날 가능성을 상상하고 기대하는 작업이 필요합니다. 물론 그런 기대를 품는 것은 쉽지 않습니다. 그럼에도 의식적으로 그 상상과 기대를 계속해 봐야 합니다. 새 물길을 내는 것처럼 우리 마음에도 새로운 마음의 길을 의도적으로 내는 것이지요.

생각에 따라 바뀌는
마음의 길

하버드대 교수 로버트 로젠탈은 1964년 샌프란시스코의 초등학교 교사들을 대상으로 한 실험을 진행했습니다. 교사들은 자신이 실험 대상인지 전혀 모르는 상황에서 담당 학급에 속한 몇몇 학생의 명단을 전달받았습니다. 명단의 학생들이 지능이 높고 학업 발전 가능성이 크다는 거짓 정보도 함께 받았지요. 사실 이들은 실제 발전 가능성과 상관없이 무작위로 선발된 학생들이었습니다.

8개월을 관찰한 뒤에 살펴보니 명단 속의 학생들은 그렇지 않은 학생들보다 성적이 눈에 띄게 좋아졌습니다. 교사들이 명단 속 학생들에게 기대를 품고 더 관심을 가졌고, 더욱 칭찬과 격려를 보내며 열심히 가르쳤던 것입니다. 기대가 현실에서 이루어지도록 교사들이 스스로 만들어 낸 결과였지요. 이 실험을 통해 '자기 충족적 예언'이라는 개념이 등장했습니다. 자기 충족적 예언은 어떤 기대와 예언을 충족시키려 노력하고 결국은 그 예언을 스스로 실현하는 현상을 말합니다. 즉 일이 잘 풀릴 것으로 기대하면 잘 풀리고, 안 풀릴 것으로 기대하면 안 풀리며, 자신이 예언하고 바라는 것이 실제 현실에서 충족되는 방향으로 이루어지는 것을 의미합니다. 다른 말로는 피그말리온 효과라고도 불리지요. 말이 씨가 된다는 뜻입니다.

부정적인 자기 충족적 예언도 있습니다. 만약 '나는 능력이 없는 사람이야'라고 믿는 사람이 있다고 합시다. 이 사람은 모든 순간에 '나는 잘할 수 없어'라고 생각합니다. 또 '아무리 노력해도 결과는 좋지 않을 거야'라고 믿습니다. 점점 최선을 다하지 못하고 계속해서 자신감이 떨어지겠지요. 결국 어떤 일에 성공할 가능성도 작아집니다. 그리고는 '역시 나는 능력이 없는 사람이야'라고 또 다시 생각합니다. 일상에서 쉽게 볼 수 있는 부정적인 자기 충족적 예언의 모습입니다.

비슷한 개념을 하나 더 소개하겠습니다. 두 사람이 있습니다. 한 사람에게는 "찬물에 손을 넣을 건데 무척 차가울 겁니다"라고, 다른 사람에게는 "찬 물에 손을 넣을 건데 그렇게 차갑지는 않을 겁니다"라고 말했습니다. 그런 다음 이들에게 자신이 손을 넣은 물의 온도를 예측해 보라는 질문을 했습니다. 결과는 어땠을까요? 여러분도 예상했겠지만 사실 그들이 손을 넣은 물의 온도는 같았습니다. 하지만 그들이 주관적으로 느끼는 온도에는 극명한 차이가 있었지요. 즉 어떤 기대를 하느냐에 따라 느끼는 정도가 달라진다는 말입니다. 물의 온도가 매우 차가우리라는 불안, 즉 불안에 대한 기대가 경험한 물의 온도를 차갑게 만든 것입니다. 우리가 아직까지 경험하지 않은 일에 대한 불안, 이에 대한 기대가 모든 결과를 바꿀 수 있다는 뜻이지요.

여러분의 마음 길은 어느 방향으로 나 있나요? 부정적인 생각들로 마음의 길이 깊게 나 있어 어떤 상황에서든 마음이 그 길을 따라 자동적으로 흐르지는 않나요? 혹은 나도 모르게 생각의 흐름이 불안으로 흘러가고 있지는 않나요? 흙 속 물길을 다져 주듯, 내 마음의 길을 부정에서 긍정으로 바꾸어 줍시다. 긍정적인 자기 충족적 예언이 이를 도와줄 것입니다. 스스로에 대한 긍정적인 기대와 예언은 결국 현실에서 실현되는 방향으로 흘러가기 때문이지요.

● ◖◗ ○ ○

11단계
우리는 완벽해질 수
없습니다

우리는 자신과 타인의 못난 점을 그 누구보다 잘 발견하고 지적하는 능력을 지녔습니다. 슬픈 일이지만 저도 예외는 아닙니다. 우리에게는 분명히 장점이 있습니다. 다만 장점보다 단점에 더 관심을 쏟을 뿐이지요. 저는 자존감 향상 집단 프로그램에서 아이들과 서로의 장단점을 나눈 적이 있습니다. 당시 아이들과 각자 자신의 장단점을 나열하고 나누면서 중요한 사실을 배웠습니다. 우리 모두에게는 부족한 점이 있지만 장점도 놀랄 만큼 많이 있다는 것을 말입니다.

한 아이가 자신의 장점으로 노래를 잘한다고 말하면 또 다른 아이는 "와, 너는 노래를 잘하는구나! 나는 그림을 잘 그리지!" 하고 대답했습니다. 장점은 무언가를 잘한다는 능력에만 국한되지 않았습니다. 나의 긴 머리카락도 너의 감수성도 장점이 되었습니다. 중요한 것은 이러한 장점들이 도출된 과정이었습니다. 아이들은 서로가 가진 것을 객관적으로 비교하지 않았고, 오로지 개인의 내적인 비교를 통해서만 장점을 발견했습니다. 원래 장점의 뜻도 타인과 비교했을 때 뛰어나고 우월한 점이 아니라 자신이 가진 많은 것 중 좋은 무언가입니다. 아이들은 이를 정확히 짚어 내며 많은 장점을 나눴습니다.

반면 저를 포함한 여러분이 어릴 때 했던 장단점 찾기 활동에는 이런 중요한 과정이 빠져 있습니다. 그래서 우리가 이렇게 남들과 비교해 자신의 못난 점을 잘 발견하는 사람으로 큰 걸까요?

완벽주의를 내려놓고
단점 받아들이기

대학원 시절 긍정 심리학 스터디를 하던 때가 생각납니다. 긍정 심리학이란 우울과 불안 같은 부정적 감정보다 개인의 강점과 미덕 등 긍정적 심리에 초점을 맞추는 새로운 동향의 심리학 접근입니다. 따라서 성격 강점 24가지 중 자신이 가진 강점을 측정하는 검사를 하는데, 이 24가지 덕목은 창의성, 호기심, 개방성, 학구열, 통찰력, 용감함, 끈기, 정직성, 활력, 사랑, 친절, 사회성, 협동심, 공정함, 지도력, 용서, 겸손, 신중함, 자기 조절, 심미안, 감사, 희망, 유머, 영성입니다.

당시 저는 결과를 받아 들었을 때 너무나도 자연스럽게 상위 다섯 가지 강점은 가뿐히 제쳐 놓고 하위 다섯 개에 주의를 기울이며 이를 어떻게 발달시키나 고민했습니다. 그러자 선생님은 저에게 부족한 점에 주목하기보단 내가 지니고 있는 강점을 어떻게 더 잘 키울 것인지 고민하라고 했습니다. 그게 긍정 심리학의 기본이라고도 했지요.

순간 망치를 얻어맞은 양 머리가 얼얼했습니다. 나의 강점도 강점으로 여기지 않는 나, 그렇게 기어코 단점을 찾아내고야 마는 나를 돌이켜 보며 한참을 부끄러워했습니다. 우리는 자신의 부족함, 아니 자기가 생각하기에 부족하다고 느끼는 부분을 가리는 데 혈안이 됩니다. 그런데 아무리 가리려 해도 마음처럼 가려지지 않지요. 가린다 하더라도 가릴 것이 한두 개로 끝나지 않으니 더더욱 어찌할 바를 모르고 안절부절합니다. 고통은 거기서부터 옵니다.

자연스럽게 산다는 것이 그렇게나 어려운 일일까요? 흠이 있으면 있는 대로, 부족하면 부족한 대로 있는 모습 그대로 살아가면 되는데, 그럴 수밖에 없는 우리인데 왜 그 당연한 것을 거스르려 할까요? 왜 더 완벽해지려 아등바등하며 서로에게

잣대를 들이밀까요? 인지 행동 치료에서는 '완벽해야 한다'는 비합리적 신념이 우울을 야기한다고 말합니다. 또한 완벽주의에서 불안과 강박이 생겨난다고도 이야기하지요.

우리가 마음에 품어야 할 합리적인 핵심 신념은 '나는 완벽해야 한다'가 아니라 '완벽하지 않아도 된다'이며, 더 나아가 '우리 모두는 완벽할 수 없다'입니다. 우리 모두 '완벽해야 한다'가 아니라 '완벽하지 않아야 한다'라고 믿으며 살아가면 좋겠습니다. 이 완벽주의를 내려놓으면 우울과 불안에서 벗어나 우리 본연의 모습으로 더 자연스럽게 살 수 있을 것입니다.

12단계
이만하면
괜찮은 관계로 충분합니다

마지막 '12단계 이만하면 괜찮은 관계로 충분합니다'부터 '16단계 우리는 다른 사람과 연결되며 회복합니다'에서는 단단해진 마음 근육, 즉 균형을 갖춘 몸과 자율성, 유연한 사고를 삶에서 만나는 사람들과 맺는 관계에서 어떻게 적용할 수 있는지 알아보겠습니다. 튼튼해진 마음 근육이 우리 몸과 마음 전체의 건강에 유기적으로 영향을 미쳐 주변에 흔들리지 않게 나를 지탱해 줄 것입니다. 이 과정은 '나'에게 주목하는 것을 넘어 '너와 우리'까지 고려해야 하는 가장 고된 과정입니다. 하지만 적용하기 단계를 거치고 나면 우울과 불안이 만연한 세상에서 더욱 유연하고 단단한 여러분이 될 것입니다.

친밀감을 나눌
애착 대상 만들기

"우리의 삶은 요람에서 무덤까지 친밀한 애착을 중심으로 움직인다."

영국의 정신분석가이자 애착 이론의 대가인 존 볼비의 말입니다. 애착이란 생애 초기 가장 가까운 사람인 주 양육자에게 강한 유대를 형성하는 것입니다. 인간은 누구나 태어나는 순간부터 강한 애착 욕구를 가집니다. 생존하려면 필수적으로 돌봄을 받아야 하기 때문에 애착을 통해 특정한 대상과 정서적 친밀감을 나누고 연결되려 하지요. 그런데 애착의 욕구는 성인이 되어서도, 노년이 되어서도 전 생애에 걸쳐 우리 안에 존재합니다. 즉 여러분의 마음속에도 여전히 특정한 대상과 정서적 친밀감을 나누고 연결되고 싶은 욕구가 있는 것이지요.

애착은 자신과 타인, 그리고 세상을 이해하는 기본적인 '내적 작동 모델'을 만드는 토대입니다. 내적 작동 모델은 자신과 타인, 세상을 바라보는 프레임입니다. 주 양육자가 아기의 정서와 욕구를 민감하게 알아채고, 그에 대해 적절하고 일관적인 반응을 보이면 아기는 안정감을 느끼고 안정된 애착 관계를 형성합니다. 반면 주 양육자가 적절한 돌봄을 주지 못하면 불안정한 애착 관계가 형성됩니다. 애착은 크게 안정 애착, 불안정 애착으로 나뉘고 불안정 애착은 또 회피형, 양가형, 혼란형 애착이라는 총 네 가지 형태로 구분됩니다.

먼저 안정된 애착 관계를 가진 사람들은 자신에 대한 확신과 타인에 대한 신뢰, 세상이 안전한 장소라는 감각을 가지고 있습니다. 이들은 주 양육자뿐 아니라 많은 사람과 친밀한 관계를 유지하며 고통스럽고 좌절감이 드는 일이 생겨도 튼튼히 잘 견디는 힘이 있습니다. 안정 애착은 '내가 배고플 때는 엄마가 먹을 것을 주지', '내가 슬퍼 울 때는 엄마가 나를 위로하고 달래 주지'라고 느낄 때, 즉 주 양육자가 아기의 정서와 욕구에 민감하게 반응하고 일관되게 돌봐 줄 때 형성됩니다.

회피형 애착을 가진 사람들은 타인을 신뢰하지 못해 자신의 마음의 문을 걸어 잠그고 방어하는 경향이 있습니다. 자신의 여리고 약한 모습을 보여 주려 하지 않기에 누구와도 친밀한 애착 관계를 형성하기 어렵습니다. 문제가 생겼을 때 누군가를 믿기보다는 스스로 해결하려 하며 타인에게 도움을 청하지 못합니다. 심리적인 거리감을 두고 표면적이고 피상적인 대인 관계를 맺지요. 회피형 애착은 '내가 엄마를 원할 때 엄마는 언제나 나에게 오지 않아', '내 인생은 나 혼자 사는 거야'라고 느낄 때, 즉 주 양육자가 필요한 때에 적절한 정서적 돌봄을 주지 않고 무시하고 거절할 때 형성됩니다. 이들은 주로 자신에게는 긍정적이지만 타인에게는 부정적인 인식을 가집니다.

양가형(불안형 또는 집착형) 애착을 가진 사람들은 상대방에게 지나칠 만큼 친밀한 관계를 요구하는 경향이 있습니다. 가까워진 상대와 떨어지지 않으려 하고 사랑받고 있다는 사실을 끊임없이 확인하지요. 상대방이 나를 소홀히 대한다는 느낌을 받으면 곧 떠날까 봐 극심한 불안을 보입니다. 혹은 과하게 도움을 요청하거나 과하게 상대방을 도우려 애쓰기도 합니다. 이들은 외로움을 견디지 못하고 안정적인 대인 관계를 유지하기 어려워합니다.

양가형 애착은 '어떨 땐 엄마가 사랑을 주는데 어떨 땐 나를 쳐다 보지 않아', '엄마 기분에 따라 어떨 때는 사랑해 주었다가 어떨 때는 차갑게 거부해', '나를 매우 사랑하는 것 같으면서도 나를 심하게 혼내'라고 느낄 때, 즉 주 양육자의 일관적이지 않고 변덕스러운 양육 태도에서 만들어집니다. 이들은 주로 자신은 부정적으로, 타인은 긍정적으로 인식합니다.

혼란형 애착은 가장 심각한 불안정 애착의 유형입니다. 나를 사랑하고 보호해 주어야 하는 주 양육자가 도리어 나를 공격해 혼란을 주는 형태이기 때문이지요. 혼란형 애착은 돌봄의 주체여야 하는 주 양육자가 위로의 대상인지 불안과 공포의 대상인지 판단이 어려울 때 형성됩니다. 불안정 애착을 가진 사람들은 '엄마는 나에게 위협적인 존재야', '이 세상은 나를 공격하는 믿을 수 없는 곳이야', '나는 사랑받을 만한 사람이 아니야'라고 생각하며 자신과 타인, 세상을 모두 부정적으로 인식합니다. 자신과 타인, 세상에 대한 인식이 불안정하기 때문에 작은 역경에도 크게 흔들리고 좌절할 가능성이 크지요.

사회적으로 불안정한 인간관계를 맺을 가능성도 큽니다. 불안정한 애착 관계를 형성한 사람은 그렇지 않은 사람들보다 우울, 불안, 분노 등 부정적인 감정을 더 많이 경험합니다. 자신을 사랑받을 수 없고 무가치한 존재로 생각할 가능성이 높고 나를 둘러싼 환경을 의심하고 불안해하는 경우도 많습니다. 좌절을 견디거나 인내하지 못하고, 실패나 부정적인 상황을 극복하고 원래의 안정된 심리적 상태를 되찾는 능력인 회복 탄력성도 잘 발달하지 못합니다. 안전 기지를 가지지 못해 안 그래도 힘든 세상을 더욱 힘들게 느끼지요.

스스로 '이 정도면 충분히 괜찮은' 애착 대상 되어 주기

안전 기지의 사전적 정의는 '세상을 살면서 언제나 든든한 내 편이 되어 주는 존재'입니다. 애착 이론에서 안전 기지는 속상하고 힘들 때 생각나고 달려가 안기고 싶은 사람이나 대상, 아무런 대가 없이 내 아픈 마음을 털어놓을 수 있는 존재입니다. 괜찮다고 나를 안심시켜 주는 곳, 안심하고 세상으로 나아갈 수 있는 발판이자 세상을 탐험하고 돌아왔을 때 정서적, 신체적 재충전을 제공하는 존재인 셈이지요.

어린 아이들이 놀이터에서 노는 모습을 떠올리면 이해하기 쉽습니다. '엄마가 여기에서 나를 항상 기다리고 있어!'라고 믿는 아이들은 뛰쳐나가 적극적으로 모험을 하고 탐색합니다. 실컷 놀다가 언제든 돌아와 재충전을 하고 또 세상 밖으로 나가지요. 그런데 엄마가 언제 사라질지 몰라 불안한 아이들은 엄마 곁에서 떨어지지를 못합니다. 안심할 수 없기 때문에 밖으로 나가 세상을 탐색하지 못하지요. 불안정한 애착을 가진 사람들은 언제든 돌아와 안심하고 쉴 수 있는 무조건적인 쉼터가 없기 때문에 많은 어려움을 경험합니다.

그런데 다행히도 애착은 회복이 가능합니다. 성인이 되어서도 얼마든지 애착의 유형이 바뀔 수 있다는 뜻입니다. 미국의 심리학자 데이비드 월린은 안정 애착을 형성되는 세 가지 경우를 설명했습니다. 첫 번째는 어린 시절 부모와 좋은 경험을 했을 때입니다. 여러분 중에는 다행히 어린 시절의 경험을 통해 안정 애착을 가진 분도 있겠지만 그렇지 않은 분도 많을 것입니다. 괜찮습니다. 우리는 이미 어린 시절을 지나 성인이 되었으니 바꿀 수 없는 과거에 얽매일 필요가 없습니다.

두 번째는 성장하면서 안전 기지 역할을 해 주는 제2의 애착 대상을 만났을 때입니다. 성장하며 경험하는 관계를 통해 다시금 안정 애착을 형성할 수 있다는 뜻이지요. 우리는 내가 달려가 안심하고 머무를 수 있는, 나의 마음을 안전하게 나누며 재충전해 주는 존재를 경험할 수 있습니다. 이 대상으로는 친구나 연인, 배우자나 상담가가 대표적이지요.

혹시나 그런 사람이 없더라도 괜찮습니다. 사람만 애착 대상이 될 수 있는 것은 아니니까요. 지금 나에게 그런 사람이 없다면 안전 기지가 될 만한 일이나 취미를 찾아 안정을 취하면 됩니다. 스트레스를 받을 때면 운동을 하거나 영화관에 가는 사람들, 꽃을 보러 가거나 무언가를 배우는 사람들은 모두 자신의 안전 기지를 만드는 중입니다.

저는 누군가에게 마음을 터놓기 어려운 순간에는 식물이 가득한 꽃 시장에 갑니다. 이곳은 언제든지 나를 환영해 주고 내 마음을 안심시켜 주며 나를 재충전해 주기 때문이지요. 이렇게 애착 대상은 가까운 사람이어도, 일이어도, 동물이나 식물이어도, 물건이어도, 혹은 나 자신이어도 좋습니다. 내가 나에게 안전 기지가 되어 주면 나와의 관계가 회복되고 사랑과 신뢰를 쌓을 수 있기 때문입니다.

바로 이것이 세 번째 방법입니다. 안정 애착은 스스로 정신화 과정을 훈련할 때 형성됩니다. 정신화는 나와 타인의 마음 상태를 이해하는 능력으로, 눈에 보이지 않는 생각, 정서, 욕구 같은 마음 상태를 의식적으로 알아차리고 해석하는 힘입니다. 우리는 정신화 과정을 통해 내 마음 상태뿐 아니라 상대방의 마음도 이해하고, 현재와 과거, 미래의 경험까지 연결해서 볼 수 있습니다.

지금 여러분이 이 책을 읽으며 스스로의 마음 상태를 이해하려고 하는 것, 그리고 타인의 마음과 과거의 경험을 연결지어 생각해 보는 것이 바로 정신화 과정입니다. 정신분석가 포나기는 초기의 애착 경험보다 자신의 경험에 대해 성찰하는 정신화 능력이 더 중요하다고 이야기했습니다. 이 정신화 능력을 키우면 자신과 타인을 이해하는 능력이 커져서 안정형의 사람이 되어 간다는 것이지요.

혹시 지금 나의 부모가 안정적인 애착을 주지 못해 좌절한 분이 있나요? 제2의 애착 대상을 만들거나 정신화 능력을 키운다 해도 생애 초기 부모가 주는 안정 애착과 비교할 수 없다고 생각해 속상한 분이 있나요? 이런 마음을 가진 분들에게 대상관계 및 발달 심리학의 대가 도널드 위니컷은 말합니다. "어떤 주 양육자도 완벽할 수 없다. 아니 완벽할 필요가 없다"라고 말이지요.

이 세상에 완벽한 부모는 없습니다. 오히려 적당한 좌절을 함께 경험할 수 있는 환경이 우리의 성장에 도움이 됩니다. 우리는 이만하면 좋은, 이 정도면 충분히 괜찮은 애착 대상만 있으면 됩니다. 그리고 내가 나에게 '이 정도면 괜찮은 엄마'가

되면 됩니다. 내가 나에게 마음을 나누는 애착 대상이자 안전 기지가 되어 주면 된다는 뜻이지요. 그것만으로 충분합니다.

13단계
좋은 관계는
적당한 거리에서 옵니다

"인간의 모든 고민은 인간관계에서 비롯된다."

오스트리아의 정신 의학자 알프레드 아들러의 말입니다. 아들러 심리학을 다루어 선풍적인 인기를 얻은 기시미 이치로와 고가 후미타케의 《미움 받을 용기》는 관계에서 사랑받지 못할까 봐, 미움을 받을까 봐 하고 싶은 말을 못하고 거절하지 못하는 사람들을 위로했지요. 그렇습니다. 관계를 지키기 위해서는 미움 받을 용기도 필요하고 거절하는 용기도 필요합니다. 그런데 거절을 하려면 먼저 알아야 할 것이 있습니다. 바로 경계boundary입니다.

나와 상대의
경계 알기

우리는 모두 개별적이고 독립적인 사람입니다. 그리고 사람과 사람 사이에는 서로를 구분하는 경계, 즉 바운더리가 있지요. 물리적인 바운더리도 있지만 눈에 보이지 않는 심리적 바운더리도 존재합니다. 어느 한쪽이 물리적인 바운더리를 지키지 않으면 충돌하고 다치듯 인간관계에서도 심리적 거리가 적절하게 유지되지 않으면 부딪치고 충돌합니다.

바운더리란 인간관계에서 나타나는 자아와 대상과의 경계이자 통로입니다. 쉽게 말하면 나를 지키는 울타리라고 할 수 있지요. 우리는 이 울타리를 통해 나와 타인을 구분 짓고 나를 보호하며 세상과 소통합니다. 울타리는 스스로를 보호할 만큼 충분히 튼튼해야 하고 동시에 다른 사람들과 조화롭게 소통할 수 있을 만큼 개방적이어야 합니다. 혹시 때에 따라 굳게 잠가 나를 보호하고, 때에 따라 활짝 열어 세상과 소통할 수 있는 울타리를 가지고 있나요? 그렇다면 매우 건강한 바운더리를 가졌다고 볼 수 있습니다.

사람들이 관계 속에서 서로의 울타리를 지켜 주면 건강한 관계가 유지됩니다. 반면 내 울타리가 원치 않게 허물어지고 침범당하면 화가 나고 우울해지지요. 그렇기 때문에 우리는 나 자신을 지키고 타인을 침범하지 않기 위해 바운더리를 잘 알아야 합니다. 다음은 나와 타인의 바운더리를 그림으로 표현한 모습입니다. 왼쪽은 내가 만들어야 하는 울타리의 모습, 오른쪽은 스스로의 울타리를 잘 아는 나와 상대가 서로의 경계를 지키며 관계를 맺는 모습이지요.

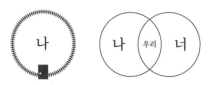

'바운더리를 잘 안다는 것'은 '나의 울타리를 잘 안다는 것'입니다. 튼튼히 걸어 잠그고 나를 보호해야 하는 때와 문을 활짝 열고 막힘없이 마음을 주고받는 때를 아는 것이지요. 더 나아가 나와 너 사이의 경계를 분명히 한다는 뜻입니다. 예를 들어 누군가 나에게 무엇을 요구하고 요청한다고 해 봅시다. 어느 선까지는 즐거운 마음으로 기꺼이 해 줄 수 있습니다. 하지만 어느 선을 넘어가면 불편해지고 싫어지지요. 그 선과 경계를 찾는 작업이 바로 나의 바운더리를 알아가는 과정입니다.

사례를 들어 볼까요? 주말을 맞이한 희주 씨는 지금 지치고 피곤한 상태입니다. 한 주 동안 회사 업무 때문에 너무 바빴고 스트레스를 받는 일들이 한 번에 몰아닥쳤기 때문입니다. 오늘은 집에서 혼자 하루 종일 쉬고 싶습니다. 그런데 갑자기 아침부터 부모님이 초인종을 눌렀습니다.

"주말이니까 일찍 왔어. 엄마 오늘 여기서 자고 가도 되지?"

희주 씨는 울타리 안으로 성큼성큼 들어오는 엄마를 늘 그랬듯 바라보고만 있었습니다. 희주 씨는 하루 종일 쉬고 싶었지만 엄마의 요구를 거절하지 못했습니다. 지친 몸으로 엄마와 시간을 보내면서도 마음속엔 짜증이 가득했습니다.

지금 희주 씨에게는 회복이 필요합니다. 즉 나의 영역을 침범한 엄마에 맞서 울타리를 높게 치고 나를 보호해야 할 때지요. 그러나 자신의 바운더리를 잘 알지 못하는 희주 씨는 결국 엄마가 자신의 영역을 침범하도록 허락하고 말았습니다. 바운더리가 약해져 결국 부서진 것이지요. 이때 마음속에는 고갈이 일어납니다. 화가 나고 우울해지는 것은 물론 상대가 무척 미워지기도 합니다. 그러면 내가 무언가를 해 주고도 그 사람을 미워하는 악순환에 빠지지요. 사실 이럴 때면 차라리 허락해 주지 않고 상대를 미워하지 않는 편이 낫습니다. 누군가를 미워하는 마음은 나에게도 화살이 되어 날아오기 때문입니다.

희주 씨가 스스로를 지키려면 엄마에게 미움 받을 것을 감수하고 "엄마, 나 오늘은 너무 피곤해서 어려울 것 같아"라면서 거절해야 합니다. 그래야만 엄마를 원망하지 않고, 언젠가 기쁜 마음으로 엄마를 울타리 안으로 들일 수 있기 때문이지요. 내가 나를 보호하지 못하면 누군가의 요구를 들어준다 해도 그 사람과의 관계는 불편해집니다. 이것이 바로 "이 부분까지는 해 줄 수 있어. 그런데 이 이상은 안 돼"라고 말해야 하는, 내 바운더리를 정확히 알아야 하는 이유입니다.

과한 침범은 밀어내고 경계심 줄이기

모든 사람은 어머니와 한 몸으로 세상에 태어납니다. 하지만 우리가 탯줄을 끊고 독립적인 개체로 살아가듯 심리적으로도 부모로부터 독립(분화)해야 합니다. 모든 인간은 독립된 나이자 관계 속의 나입니다. 지극히 개인적이면서도 놀랍도록 사회적인 존재이지요. 그런데 우울하고 불안한 사람들은 바운더리에 문제가 있는 경우가 많습니다. 바운더리의 문제를 겪는 사람들은 어릴 적 부모와 경계를 구분할 때 이상이 있었을 가능성이 큽니다. 만약 부모가 "내가 너이고, 네가 나다"라고 말하며 나와 경계 없이 지나치게 밀착했다면 경계가 잘 발달하지 못했을 것입니다. 바운더리를 침범당해 괴로울 때도 "너를 위해서 하는 거야", "다 너 잘되라고 하는 소리야"라는 말에 혼란스러웠을 테지요. 반대로 너무 일찍 부모와 분리되었다면 경계가 지나치게 강해졌을 것입니다.

자아 분화란 가족 체계 이론의 선구자인 머레이 보웬이 가족 체계 이론에서 제시한 핵심 개념입니다. 자아 분화의 뜻은

두 가지 관점에서 설명할 수 있습니다. 먼저 개인적 차원에서 자아 분화는 사고와 감정을 분리해 활용할 수 있는 능력입니다. 다음으로 관계적 차원에서 자아 분화는 상대방에게 크게 좌우되지 않으면서 자신의 의지와 신념에 따라 입장을 취하고 다른 사람들과 친밀한 관계를 유지할 수 있는 능력을 의미합니다. 자아 분화는 크게 건강한 자아 분화, 자아 미분화, 자아 과분화의 세 가지 형태로 구분됩니다. 아래는 각각을 나타낸 그림입니다.

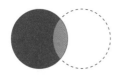

건강한 자아 분화	자아 미분화	자아 과분화
(differentiation of self)	(un-differentiation)	(over-differentiation)

첫 번째, 건강한 자아 분화는 개별성(나)과 관계성(너)이 고루 발달되어 건강한 바운더리(우리)를 가진 형태입니다. 개별성과 관계성 혹은 독립성과 의존성이 조화로운 상태지요. 건강한 자아 분화를 이룬 사람은 개별적인 자아를 갖추어 상대방의 감정에 휩싸이지 않고 내 감정을 분리해 느낍니다. 또한 이를 바탕으로 상대방과 건강하고 친밀한 관계를 유지합니다.

두 번째, 자아 미분화는 바운더리가 희미한 상태입니다. 개별성(나)이 발달되지 못하고 관계성(너)만 지나치게 발달된 형태지요. 미분화 상태의 사람들은 '나'가 없고 '너'만 있기 때문에 타인 중심적인 인간관계를 맺는 경향이 있습니다. 나와 너의 경계가 불확실하고 거절과 주장을 잘 못한다는 특징이 있지요. 미분화 유형의 핵심 감정은 불안입니다. 개별성이 발달하지 못했기 때문에 이들은 홀로 있을 때 외로움을 느끼고 끊임없이 누군가와 하나가 되고 싶어 합니다.

마지막으로 자아 과분화는 바운더리가 경직된 상태입니다. 개별성(나)이 지나치게 발달한 반면 관계성(너)이 너무나 약화된 경우이지요. 과분화 상태에서는 경계가 지나쳐 단절되었기에 오직 '나'만 있고 '너'가 없습니다. 자아 과분화 상태의 사람들은 자아에 몰두해 자기중심적인 인간관계를 맺는 경향이 있고, 일방적인 주장과 거절을 빈번히 하고 관계에서 타인을 통제하고 지배하려 합니다. 과분화 유형의 핵심 감정은 분노입니다. 상대가 자신과 다를 때 분노하고 혐오하면서 관계를 끝내거나 상대방을 통제하고 바꾸려 하는 모습을 보입니다.

그렇다면 어떻게 해야 안정적인 자아 분화를 이룰 수 있을까요? 안정적 분화는 안정적 애착에서 비롯됩니다. 즉 어린 시절 부모와의 관계에서 크게 결정되는 것이지요. 하지만 이후에도 자아 분화를 이룰 수 있습니다. 우리는 바꿀 수 없는 과거의 경험이 아닌 지금 우리가 바꿀 수 있는 것들에 집중해야 합니다. 이를 위해서는 먼저 내 자아 분화가 어떤 형태인지 잘 알아야 합니다.

만약 여러분의 자아가 미분화된 형태라면 원가족과 정서적으로 지나치게 융합되어 있을 가능성이 큽니다. 이때는 나의 바운더리를 세우는 작업이 필요합니다. 원가족이 아닌 내가 무엇을 원하는지를 끊임없이 생각하면서 원치 않는 침범을 허용하지 않아야 합니다. 그리고 내가 느끼는 감정을 있는 그대로 수용해 주어야 합니다. 또 만약 여러분의 자아가 과분화된 형태라면, 원가족뿐 아니라 모든 관계에서 정서적으로 지나치게 떨어져 있을 가능성이 큽니다. 이때는 나의 경직된 바운더리를 말랑말랑하게 만져 주는 작업이 필요합니다. 타인에 대한 높은 기준을 유연하게 낮추고 단칼에 관계를 정리하는 습관을 줄여야 하지요.

나를 보호하는 과정은 경계를 세우는 일로 시작합니다. 나를 해치는 관계를 잠시 멀리하는 단계부터 말이지요. 그런데 많은 사람이 내가 경계를 세우고 관계를 멀리하면 관계가 끊어질까 봐 걱정합니다. 때로는 누군가를 거절하고 미워하는 자신의 모습을 바라보면서 죄책감을 느낍니다. 하지만 경계를 침범한 누군가를 미워하지 않으려 노력하는 것은 해결책이 아닙니다. 애써 봐도 미워하는 마음이 깊이 남기 때문이지요. 우리는 충분히 미워해야 다시 사랑할 수 있습니다. 나를 보호하면서 내 울타리를 튼튼하게 만들고 마음에 여유를 찾아야 합니다. 그 이후에야 비로소 경계를 허물어 상대를 기꺼이 받아들일 수 있으니까요. 혹시 지나치게 경계를 세워 나를 소중히 대하는 사람과의 관계조차 거부하고 있다면 울타리의 문을 잠시 열어 봅시다. 울타리 너머에 생각보다 큰 행복이 있을지도 모릅니다.

●●○○○

14단계
갈등은
이해로 풀립니다

연인이나 부부 관계의 갈등을 현명히 해결하는 방법을 잘 모르는 사람이 많습니다. 그러다 보니 사소한 문제에서 생긴 갈등이 점차 고조되어 또 다른 문제들로 걷잡을 수 없이 번지기도 합니다. 관계의 갈등은 언제나 감정을 다루어야 해결된다는 사실을 기억해야 합니다. 아주 일반적인 갈등의 패턴을 소개하겠습니다. 한 연인이 있습니다. 어떤 문제 때문에 여자가 화가 나고 속상해하고 있습니다. 남자는 여자에게 미안하다고 합니다. 하지만 미안하다는 말을 들어도 여자의 마음은 좀처럼 풀리지 않습니다. 남자는 이럴 수밖에 없던 이유를 설명하며 다시 미안하다고 합니다. 그럼에도 여자는 계속해서 화가 나 있습니다. 이런 양상이 반복되면 남자는 화를 내며 소리칩니다.

"내가 미안하다고 했잖아! 도대체 어떻게 해야 돼?"

결국 여자는 더 화가 나거나 대화를 포기해 버립니다. 여자의 화는 남자의 화로 번져 갔습니다. 여기서 남자와 여자가 바뀐다 해도 마찬가지입니다. '화가 났다'는 감정은 상대에게 미안하다는 소리를 듣거나 그럴 수밖에 없었던 해명을 듣는다 해서 가라앉지 않습니다. 앞서 감정의 원리에서 이야기했듯 감정은 정확히 읽어야 해결되기 때문입니다.

상대방의
감정 읽어 주기

화가 난 감정은 화가 난 사람의 감정입니다. 그리고 미안한 감정은 미안한 사람의 감정입니다. 미안하다고, 이유를 설명한다고 해서 상대가 화를 풀어야 할 이유는 없다는 말이지요. "내가 미안하니 너는 화를 풀어라"고 말하면서 상대의 감정이 그 즉시 해소되길 원하는 것 자체가 이기적인 또 하나의 폭력이 될 수 있습니다. 화가 난 여자의 마음을 풀어주려면 그저 그의 감정을 잘 읽어 주면 됩니다. 이렇게 말이지요.

"내가 이러이러해서 당신이 참 속상하고 화가 났을 것 같아,

미안해."

핵심은 미안한 '내 감정'이 아닌 화가 난 '상대의 감정'을 먼저 읽어 주는 것입니다. 감정이 상한 상대의 마음을 정확히 반영하면 문제는 자연스레 해결됩니다. 감정의 원리가 그렇기 때문이지요.

화가 났던 감정을 이해하고 수용해 준다면 이제 여자의 속상했던 마음이 더욱 터져 나올 것입니다. 막아 두었던 댐이 열렸을 때 물이 콸콸 쏟아져 나오는 것 같은 이치입니다. 그럴 땐 조금 더 버텨 주면 됩니다. 화가 난 상대가 자신의 감정을 스스로 받아들이고 조절할 수 있도록 더 크게 담아 주는 것이지요. 사실 여자의 화는 이미 해결되었습니다. 다만 속상함은 나의 감정이 아니니 상대가 스스로 조절하고 해결할 때까지 기다리며 감정을 또 다시 읽어 주면 됩니다. 내 감정을 들이밀기보다 상대의 감정에 주의를 기울일 때 관계가 회복됩니다.

여러분 중에도 누군가가 내 감정을 세밀히 읽어 주지 않아 우울하고 불안한 마음이 커진 사람이 있을 것입니다. 혹은 누군가의 감정을 잘 읽어 주지 않아 곁의 사람들을 우울하고 불안하게 만든 사람도 있겠지요. 하지만 결국 우리는 관계 속으로 들어가 살아야 합니다. 이제 감정의 원리를 잘 기억하고 적용해 봅시다. 지금 이 순간부터 나의 감정을 스스로 잘 읽어 주고, 내 곁의 소중한 사람의 감정을 섬세하게 읽어 줍시다.

그리고 누군가가 내 감정을 읽어 주기를 원한다면 부드럽게 요청해 봅시다.

"내가 화가 날 땐 '화가 났구나' 하고 내 감정을 읽어 줬으면 해. 내가 힘들어하면 '힘들었겠다' 하고 내 감정을 읽어 주면 좋겠어."

그렇게 누군가가 내 감정을 반영하고 버텨 주고 담아 준다면 여러분은 감정을 훨씬 수월하게 조절할 수 있을 것입니다.

●●○○○

15단계
최선을 다했다면
그것으로 충분합니다

관계라는 이름의 탁구대가 있습니다. 한쪽 끝에는 내가 있고 반대편 끝에는 상대가 자리를 잡았습니다. 우리는 지금부터 핑퐁 탁구 게임을 할 것입니다. 내가 핑 하고 치면 상대는 퐁 하고 맞받아칩니다. 핑과 퐁을 조화롭게 주고받을 때 우리의 관계는 평화로울 것입니다. 하지만 그렇지 않은 경우도 있습니다. 예를 들어 보겠습니다.

나연 씨는 배려심이 깊고 타인을 존중할 줄 아는 사람입니다. 사회적인 감수성이 높아 다른 사람의 기분을 잘 알아차리고 타인이 무엇을 원하는지 관심을 잘 기울입니다. 사람들은 나연 씨와 함께 있는 것을 좋아합니다. 그런데 나연 씨는 관계에서 가장 큰 스트레스를 받습니다. 나연 씨는 상대가 불편할까 봐 이것저것을 다 신경 써서 행동하는데, 정작 다른 사람들은 자신을 배려하지 않는다고 느끼기 때문입니다. 나연 씨는 자신이 남들을 존중하면 자신도 존중받을 것으로 믿었습니다. 그런데 점차 상대에게 맞춘다고 느끼는 일이 빈번해졌고 결국 나연 씨는 관계들을 끊어 내기 시작했습니다.

어떤 사람들은 관계에서 상대의 반응을 신경 쓰면서 상대방의 반응까지 통제하고 싶어 합니다. 즉 상대의 반응까지 고려해 내 행동을 조절하려 하지요. 이런 사람들은 나연 씨처럼 배려심이 깊고 사회적인 감수성이 높습니다. 평화롭고 조화롭게 오래오래 핑퐁 게임을 하려는 사람들이지요. 그런데 이때 한 가지 중요한 사실을 기억해야 관계라는 탁구대에서 지치지 않고 게임을 지속할 수 있습니다.

그것은 바로 '나는 오직 핑만 할 수 있다'는 사실입니다. 퐁은 내가 조절하거나 통제할 수 없습니다. 즉 내가 핑을 잘 보냈다고 해서 퐁이 잘 돌아오리라는 법이 없다는 사실을 기억해야 합니다. 누군가는 나의 핑에 분노나 짜증, 무시로 퐁을 할 수도 있습니다. 나의 핑을 당연하게 받아들일 수도 있지요. 혹은 상대가 성심껏 받아친 퐁을 내가 받아들이기 어려울 때도 있습니다.

기대와 결과가
다를 수 있다는 사실 알기

나연 씨는 어떻게 해야 상대가 공을 안정적으로 받을 수 있을지도 고민해서 아주 성의껏 핑을 전달하는 사람입니다. 그러니 하나의 핑을 할 때도 엄청나게 많은 에너지가 들겠지요. 이렇게 상대의 퐁까지 고려해서 성심성의껏 핑을 보냈는데 퐁이 잘 돌아오지 않으면 내가 존중받지 못했다고 느낄 수밖에 없습니다. 하지만 내가 아무리 핑을 잘 보내도 퐁을 잘 전달해 주지 못하는 사람이 있다는 것을 인지해야 합니다. 물론 퐁이 잘 돌아오지 않을 때는 속상할 것입니다. 이때 필요한 훈련이 바로 '나에게 집중하기'입니다. 상대의 퐁에 집중하기 보다는 나의 핑에 주의를 기울이는 것이지요. 나는 내 핑만 잘 쳐 내면 그것으로 충분하다고 생각하는 연습입니다.

또 다른 질문을 해 보겠습니다. 여러분이 어떤 좋은 의도를 가지고 행동했는데 그로 인해 상대방이 상처받았다면 이것은 잘못된 행동인가요? 마찬가지로 누군가 악의를 가지고 행동했지만 상대방이 이익을 얻었다면 이것은 좋은 행동일까요? 사실 결과는 내가 결정할 수 없습니다. 이미 내 손을 떠났으니 내 몫이 아니지요. 내가 오롯이 결정할 수 있는 것은 오직 나의 의도뿐입니다. 나의 '의도'가 아니라 '나의' 의도 말입니다. 내가 할 수 있는 한 최선을 다해, 선한 결과를 위해, 타인과의 관계를 위해 노력한다면 그것으로 충분하다는 뜻입니다.

혹시 관계에서 내 기대만큼 따뜻한 퐁이 돌아오지 않아 속상한가요? 더 나아가 마음이 우울해지거나 불안해졌나요? 그렇다면 한 가지를 기억하세요. 바로 관계에서 매 순간 최선을 다해 핑을 던지는 여러분 덕분에 세상이 따뜻하다는 사실을 말입니다. 여러분의 손을 떠난 공이 어떻게 돌아올지, 어떤 결과가 여러분을 찾아올지 지금은 알 수 없지만 계속해서 나의 핑을 잘 던져 봅시다. 나의 핑을 받은 누군가가 같은 마음으로 퐁을 잘 던져 줄 때를 기분 좋게 기대하며 말이지요.

16단계
우리는 다른 사람과
연결되며 회복합니다

저는 감히 인간이 행하는 모든 행동의 동기가 타인의 관심이라고 말하고 싶습니다. 인본주의 심리학자 매슬로우는 가장 중요한 욕구가 충족되어야 다음 욕구를 실현할 수 있다는 욕구 이론을 주장했습니다. 매슬로우에 따르면 생존과 안전이라는 본능 다음에 필요한 것은 사랑과 소속의 욕구입니다. 애정과 소속의 욕구, 저는 이것이 복잡한 인간을 움직이는 기본적인 동력이라 생각합니다. 모든 생명은 "응애" 하고 태어나는 순간부터 부모의 관심과 사랑을 갈구합니다. 옹알이를 터뜨리는 일, 걸음마를 떼는 일, 아이의 모든 움직임은 생존을 넘어 타인의 관심을 추구하는 행동입니다. 생존은 관계와 떨어뜨려 생각할 수 없습니다. 그런데 누군가는 이런 말을 합니다.

"난 원래 혼자가 좋아, 사람들의 관심은 필요 없어."

저는 진지하게 "정말?"이라고 되묻고 싶습니다. 그도 태어난 순간에는, 경험이 많지 않아 성격이 형성되지 않은 어린 시절에는 분명 타인의 관심을 원했을 것이 거의 확실하기 때문입니다. 인간은 모두 그렇게 태어났습니다. 타인의 애정과 사랑을 원하고 어딘가에 소속되어 있어야 안정감을 느끼도록 말이지요. 타고난 독립성과 의존성에 따라 차이는 있겠지만, '타인으로부터의 관심을 원하지 않는다'는 것은 기본적으로 경험과 학습의 부산물입니다.

'사회적'이라는 개념의 극단에 위치한다는 자폐 아이들을 보면 이러한 생각에 더욱 확신이 듭니다. 자폐를 가진 아이들은 어려서부터 눈 맞춤과 호명 반응에 잘 응하지 않습니다. 사회적 상호 작용보다는 내적 공상에 더 흥미를 느끼기 때문에 사람들을 좋아하지 않는 것처럼 보이지요. 어떤 아이들은 관심을 주면 오히려 밀치거나 때립니다. 그런데 저는 대학원 실습 과정에서 한 가지를 크게 깨달았습니다. 아이들의 밀치고 때리는 행동이 사회적 관심으로 강화된다는 사실을 말이지요. 아이들은 타인의 관심을 원하지 않는 것이 아니라 표현하는 방법이 달랐을 뿐이었습니다. 우리는 놀랄 만큼 뿌리가 같습니다. 인간은 모두 연결되어야 하는 존재입니다.

관계 속에서
여러 정체성 가지기

인간은 사회적으로 소속된 곳이 적을수록 우울과 불안에 취약해집니다. 소속된 곳이 적으면 한두 개의 정체성만이 그 사람 전체를 대변하기 때문입니다. 이때 하나의 정체성을 상실하면 곧 나 전체를 잃어버린 것처럼 느끼기에 큰 상실감을 경험할 수 있습니다. 우울증에 취약하다고 알려진 중년 남성의 경우를 생각해 보면 쉽게 이해할 수 있습니다. 가족을 먹여 살리기 위해 한평생을 열심히 일만 했는데, 퇴직하고 보니 아내도 자녀들도 멀어진 지 오래입니다. 최근에는 친구들을 만난 기억도 없습니다. 돌아보니 아무도 곁에 없다는 생각에 외로움과 깊은 우울이 찾아옵니다. 직장인이라는 유일한 정체성이 사라지니 자신을 잃어버리고 살아갈 의미 또한 잃어버린 것이지요.

'나'는 여러 정체성으로 구성됩니다. 어느 회사의 직원이라는 정체성, 사회 구성원이라는 정체성, 남편이라는 정체성, 아빠라는 정체성, 어머니의 아들이라는 정체성, 여동생의 오빠라는 정체성, 대학 동창 모임의 총무라는 정체성, 중고등학교 동창의 친구라는 정체성, 등산 동호회 회원이라는 정체성 등 다양한 모습이 있습니다. 그런데 만약 나의 정체성에 '어느 회사의 직원'이라는 모양만 있다면 은퇴 후에는 어떻게 될까요?

아마 나라는 사람 전체를 상실했다고 느낄 것입니다. 그렇기 때문에 되도록 많은 모양으로 나를 규정해야 건강한 삶을 유지할 수 있습니다. 때로는 직장인이라는 정체성을 잃어버려도 다른 정체성들이 나를 튼튼히 보호하도록, 아빠라는 정체성을 잃어버려도 누군가의 친구라는 정체성이 나를 보호하도록 말입니다.

이 말은 곧 우리가 다양한 사회적 장면에서 나를 규정할 때 건강하게 살아갈 수 있다는 뜻입니다. 우리는 모두 누군가와 연결되어야 합니다. 관계 속에서 태어나 관계 속에서 살아가듯 우리는 누군가와 연결될 때 본래의 모습으로 살아갈 수 있습니다. 인간의 감정 또한 혼자서 처리하기 어렵게 만들어졌습니다. 다른 사람들과 함께할 때 감정을 처리하기 수월하다는 말이지요. 사람과 사람이 더불어 살도록 만들어진 자연의 원리, 이것이 그 무엇보다도 건강하게 살아가는 방법입니다. 우울과 불안으로부터 회복되는 마지막 방법은 나에게서 눈을 들어 우리로 넘어가는 것입니다. 나와 연결되고 타인과 연결되며 세상과 연결되는 것 말입니다.

이 순간에 집중하며
기쁜 말을 던지는
내가 되기 바랍니다

팬데믹 시대, 무기력이 쉽게 회복되지 않는 요즘입니다. 즐거운 활동으로 활기를 얻는 것도 잠시일 뿐 지루함과 무료함을 느끼는 시간이 많아졌습니다. 저도 마찬가지였지요. 그러다 어느 순간 깨달았습니다. 나에게서 어떤 새로운 말도, 어떤 새로운 이야기도 나오지 않고 있었다는 것을 말입니다.

　제가 가장 좋아하는 작가인 정혜윤 씨는 에세이 《슬픈 세상의 기쁜 말》에서 "현재 우리의 위기는 미래를 말하지 않는 데 있다"라고 말합니다. 우리는 더 이상 미래를 믿지 않는다고, 더 정확히 말하면 더 이상 좋은 미래를 믿지 않는다고 말이지요. 생각해 보면 제가 무기력했던 이유도 여기에 있었습니다.

좋은 미래가 올 것을 더 이상 믿지 않았고, 미래를 위한 대안을 던지지도, 이에 대해 말하려 하지도 않았습니다. 이 슬픈 세상에서 계속 슬픈 말만을 던져 냈기 때문이지요. 제가 상담실에서 마주하는 분들은 요즘 세상을 이렇게 표현합니다.

"이 세상은 쓰레기 같고, 현실은 시궁창 같습니다."

슬프지만 깊이 공감합니다. 이 세상은 너무나 불공평하고 현실은 슬프다 못해 좌절감이 들 때가 많습니다. 상담실에 앉아 내담자들의 삶을 듣다 보면 저도 함께 막막해지고 절망하곤 합니다. 뭐라고 쉽사리 말을 건넬 수 없을 만큼 안쓰러울 때도 참 많지요. 그럴 때면 이 세상을 저도 함께 원망합니다.

하지만 저는 이럴 때일수록 정신을 차리려 애씁니다. 세상에 희망을 품고 다른 사람들을 향한 사랑과 내 행복을 포기하지 않으려고 말입니다. 나에게 더 좋은 미래가 오리라 믿고, 이 세상이 더 좋은 세상이 되리라 믿고, 더 좋은 내가 될 것을 믿으려 애쓰는 것이지요. 그것이 과거나 미래가 아닌, 지금 여기에서 제가 할 수 있는 일이기 때문입니다.

또 다른 이유도 있습니다. 제가 희망을 품고 말하면 종종 저와 이야기 나누던 내담자들도 삶의 희망을 찾아 나가는 모습을 보이기 때문입니다. 저는 이를 시작으로 내담자 스스로가 끝끝내 사랑과 행복을 포기하지 않으며 삶을 기대하는 순간까지 바라보곤 합니다. 마침내 그들이 슬픈 세상에서 기쁜 말들을 쏟아 내는 풍경을 마주하는 것이지요.

　우리는 우리가 살아가는 세상이 슬픈 세상이라는 사실을 잘 알고 있습니다. 그럼에도 저는 여러분이 이 슬픈 세상에서 기쁜 말들을 던져 내기 바랍니다. 존재하지 않을 수도 있었는데 존재한다는 것을 기억하며, 경험하지 않을 수도 있었는데 경험했다는 것에 의미를 두며, 계속해서 미래를 기대하고 희망을 품기를 소망합니다. 그것이 과거나 미래가 아닌 지금 여기에서 우리가 할 수 있는 일일 것입니다. 저는 제 슬픈 세상에서 기쁜 말을 이야기하겠습니다. 여러분은 여러분의 슬픈 세상에서 기쁜 말을 계속 던져 주세요. 슬픈 세상 속에서 우리가 던져 내는 기쁨들로 가득한 풍경을 만들어 봅시다.

　우리는 과거에 머무는 시선을 현재로, 그리고 미래에 떠도는 시선을 현재로 옮기는 방법들을 살펴보았습니다. 그냥 본 것이 아닙니다. 이를 통해 여러분은 고개를 들어 마음의 시선을 옮기는 작업을 시작했습니다. 여러분이 지금 이 순간을 느끼며 현재를 살아가고 있다는 뜻입니다. 그러니 기억하세요. 여러분의 마음속에 평온은 이미 시작되었습니다.

후회, 자책, 걱정, 초조를 멈추는 심리학

과거가 남긴 우울
미래가 보낸 불안

ⓒ 김아라 2022

1판 1쇄 2022년 8월 4일
1판 9쇄 2024년 3월 11일

지은이 김아라
펴낸이 유경민 노종한
기획편집 유노북스 이현정 조혜진 **유노라이프** 구혜진 **유노책주** 김세민 이지윤
기획마케팅 1팀 우현권 이상운 **2팀** 정세림 유현재 김승혜
디자인 남다희 홍진기 허정수
기획관리 차은영
펴낸곳 유노콘텐츠그룹 주식회사
법인등록번호 110111-8138128
주소 서울시 마포구 월드컵로20길 5, 4층
전화 02-323-7763 **팩스** 02-323-7764 **이메일** info@uknowbooks.com

ISBN 979-11-92300-21-4 (03180)

- — 책값은 책 뒤표지에 있습니다.
- — 잘못된 책은 구입한 곳에서 환불 또는 교환하실 수 있습니다.
- — 유노북스, 유노라이프, 유노책주는 유노콘텐츠그룹의 출판 브랜드입니다.